코리안 인베이전: 1인치 장벽을 넘어서

코리안 인베이전: 1인치 장벽을 넘어서

2023년 12월 6일 초판 1쇄 인쇄
2023년 12월 15일 초판 1쇄 발행

지은이 | 김창래 · 남종우 · 박미나
펴낸이 | 孫貞順

펴낸곳 | 도서출판 작가
　　　　(03756) 서울 서대문구 북아현로6길 50
　　　　전화 | 02)365-8111~2 팩스 | 02)365-8110
　　　　이메일 | cultura@cultura.co.kr
　　　　홈페이지 | www.cultura.co.kr
　　　　등록번호 | 제13-630호(2000. 2. 9.)

편집 | 손희 김치성 설재원
디자인 | 오경은 박근영
영업 | 박영민
관리 | 이용승

ISBN 979-11-90566-68-1 03680

값 17,000원

코리안 인베이전:
1인치 장벽을 넘어서

김창래·남종우·박미나

작가

Prologue

이 책의 시작은 2020년 1월의 어느 날이었던 것으로 기억한다. 코로나가 이제 막 세상에 퍼지기 시작할 즈음, 그러니까 말하자면 우리가 태어나 처음으로 마스크를 쓰지 않으면 전철을 타지 못하기 시작했던 바로 그때쯤 이 책의 기획은 시작됐다. 당시 나와 〈설국열차〉의 투자책임을 맡았던 남종우 프로듀서는 봉준호 감독의 〈기생충〉의 아카데미 외국어 수상을 조심스럽게 감지하고 있었다. 당시 나는 대학에서 이미 10여 년 가까이 '한류문화' 관련 강의를 해오고 있었던 터라 그 전년도인 2019년 가을 시작된 〈기생충〉의 오스카 캠페인에 대한 미국 내 반응이 너무나 뜨거웠다는 걸 보았기에 어쩌면 (물론 말도 안 되는 사건이지만) 내년 오스카에서, 〈기생충〉이 외국어영화상 정도는 수상할지도 모른다는 말도 안 되는 막연한 기대를 가지고 있었다.

김창래

정말 이게 가능한 일인가…?

그날 이후 모든 것이 달라졌다. 2020년 2월 9일 밤 제92회 아카데미시상식이 열리면서 한국영화의 역사가 달라졌다. 아니, 전 세계영화의 역사가 달라졌다. 사실 한국영화의 명성은 국제 영화시장에 꽤 오래전부터 제법 알려져있었지만 그때까지 한국영화는 아카데미 후보조차 오르지 못했다. 그 전 해인 2019년도에 이창동 감독의 〈버닝〉이 한국영화 최초로 외국어영화상 쇼트리스트(예비후보)에 오르긴 했지만 아쉽게도 최종 다섯 편의 후보에 들지는 못하였다. (2020년부터 외국어영화상은 국제영화상으로 이름이 바뀌었다.) 그런 한국영화가, 그것도 영어로 제작된 영화도 아닌, 누가 봐도 너무나 한국적인 영화 〈기생충〉이 국제영화상은 물론 작품상, 감독상, 각본상까지 수상을 하다니…. TV에서 펼쳐지는 영상이 마치 꿈처럼 다가와 좀처럼 믿기지가 않았다.

〈기생충〉의 오스카 수상은 분명 많은 한국영화인들에게 말로 설명하기 힘들 정도의 자부심을 느끼게 했을 것이다. 처음 1997년, 뉴욕 인디영화계에서 일하기 시작할 때만 해도 미국영화와 외국영화, 대중영화와 인디영화, 이들 사이의 경계가 매우 분명했고 넘기 힘든 높은 벽 같은 게 존재했다. 정말 드물게 외국에서 잘 나가는 감독이 할리우드로 건너가 영화를 만들어 성공하는 경우가 있긴 했다. 하지만 거기에도 아시아인이 할리우드 주류 영화계에서 성공하는 모습을 보기는 어려웠다. 그나마 〈페이스 오프〉(1997)나 〈미션 임파서블 2〉(2000) 같은 할리우드 히트작을 연출한 오우삼 감독과 〈센스 앤 센서빌리티〉(1995)와 〈아이스 스톰〉(1997) 같은 미국영화를 만드는 이안 감독, 이렇게 두 명 정도의 감독을 할리우드 내에서 성공을 거둔 아시안 감독으로 예를 들 수 있다. 그렇지만 당시 업계에서 활동하고 있던 수많은 훌륭한 감독들을 생각하면 너무나 적은 숫자였다.

그런데 이제는 한국영화가 미국영화와 나란히 후보에도 오르고 국제영화상뿐만 아니라 작품상을 수상하기에 이르렀다. 영화 〈기생충〉이 혜성같이 나타난 것 같지만 이날이 오기까지 많은 한국영화인들이 긴 여정을 밟으면서 피와 땀, 눈물을 바쳤다. 뒤돌아보면 이 현상은 한국영화와 콘텐츠의 새로운 시작을 알리는 신호탄이었다는 생각이 든다. 그래서 더 기쁜 것 같다.

박미나

Prologue

아카데미 4관왕….

이를 무엇과 비교해야 할까…?

팩트에 기반하여 설명한다면 〈기생충〉의 아카데미 4관왕 수상의 의의는 무엇일까? 일단 100년 가까이 되는 한국영화 역사상 최대의 쾌거이다. 비영어권 작품의 작품상 및 감독상 수상은 아카데미시상식 역사에서도 최초이다. 특히 개인 아카데미 4개 수상은 1953년 월트 디즈니 이후 67년 만이며, 프랑스 칸 영화제 대상과 아카데미 작품상을 동시에 수상한 것도 64년 만의 첫 작품이기도 하다. 하지만 이 역시도 칸과 아카데미의 마지막 동시 수상 기록은 수정되어야 할 것이다, 왜냐하면 1955년 아카데미와 칸영화제를 동시에 수상한 〈마티〉는 시나리오 작가와 감독이 각각 패디 차예프스키, 그리고 델버트 만, 이렇게 다른 두 사람이었지만 봉준호 감독은 〈기생충〉의 감독이자 작가이다. 따라서 92년 아카데미 역사에서 한 명의 작가가 칸과 아카데미를 동시 석권한 사람은 봉준호 감독이 유일하다.

그렇다면 〈기생충〉의 사회·경제적 파급효과는 어떠할까?

Prologue

〈기생충〉은 전 세계 205개국에 수출돼 올린 매출만 2,000억 원 규모이며, 여기에 더해 〈왕좌의 게임〉, 〈체르노빌〉 등으로 유명한 미국 HBO 방송이 〈기생충〉의 드라마 제작을 준비하고 있다고 하니 이와 관련된 부가 판권 수익은 아직도 현재 진행형이다. 또한 〈기생충〉이 국내 경제에 미치는 경제적 효과는 1조 4,000억 원 규모로 추정되며, 더불어 국가 이미지 제고, 광고, 수출 등의 수혜 효과를 더하면 약 2조 원 규모로 추산하는 것이 일반적인 경제학자들의 견해이다. 물론 〈기생충〉의 수상으로 향후 'K-무비'에 대한 전반적인 프리미엄이 상승한 것 역시 빼놓을 수 없는 파급 효과이며 더불어 직접 유관 산업인 대중문화 산업으로부터 식품, 관광 등 유무형의 수혜 효과까지 고려한다면 〈기생충〉이라는 한 편의 문화콘텐츠가 내포하는 시너지 효과는 이를 수치로 나타내기조차 어렵다고 본다.

앞서 김창래 작가가 말한 바와 같이 처음 이 책의 단초가 봉준호 감독과 〈기생충〉에 대한 단순한 호기심에서 비롯되었다면, 본격적으로 이 책을 구상하게 된 계기는 봉준호 감독의 아카데미 4관왕 수상 이후이다.

우리는 〈기생충〉의 전무후무한 오스카 수상 이후에 아직도 이 위대한 영화가 내포하고 있는 영향력과 의의에 대해 체계적이며 보다 폭넓은 분석이 이뤄지지 않았다는 사실을 알게 되었다. 한 편의 문화콘텐츠에 불과한 〈기생충〉이 전달하는 파급력은 단지 눈으로 보이는 것 그 이상의 어떤 '자부심'과도 연결된다. 그리고 이러한 돈으로 환산할 수 없는 벅차오르는 에너지가 우리로 하여금 〈기생충〉 그리고 이와 관련된 이야기들을 보다 많은 이들에게 알려야겠다는 일종의 의무감마저 들게 하였다.

남종우

목차

BTS의 〈버터(Butter)〉가 빌보드
주 연속 1위라는 전대미문의 신기
록을 달성하고 있는 요즘은 아시아
인들에 대한 호감도가 분명 상승하
고 있는 추세인 듯하다. 신기하다. 불

아시안 쿨Asian Cool과
영화 속 한국인의 변천사

과 몇 달 전만 하더라도 'STOP ASIAN
HATE' 캠페인이 세계 곳곳에서 전
개되었던 것을 생각하면 한 편의 문
화콘텐츠의 막강한 힘에 대해 다
시 한번 생각하게 된다. 이제 한류
Hallyu, Korean Wave)는, 90년
대 K-팝 한류 흥행몰이의 시작인 클
론의 〈꿍따리 샤바라〉로 시작하여 싸
이(PSY)의 〈강남 스타일〉을 거쳐
BTS의 〈버터〉로 그 정점을 찍었다
고 볼 수 있을 것이다. 이처럼 대중
음악을 통한 한류의 확산이 세계 팝
시장에서 비교적 명확한 족적을 남
겼다면 K-Movie, 한국영화의 정점
은 (다시 또 반복되지만) 아마도 봉
준호 감독의 〈기생충〉의 오스카 4관
왕 수상이 아닐까 생각한다.

아시안 쿨(Asian Cool)과 영화 속 한국인의 변천사

김창래

BTS의 〈버터(Butter)〉가 빌보드 6주 연속 1위라는 전대미문의 신기원을 달성하고 있는 요즘은 아시아인들에 대한 호감도가 분명 상승하고 있는 추세인 듯하다. 신기하다. 불과 몇 달 전만 해도 'STOP ASIAN HATE' 캠페인이 세계 곳곳에서 전개되었던 것을 생각하면 한 편의 문화콘텐츠의 막강한 힘에 대해 다시 한번 생각하게 된다. 이제 한류(Hallyu, Korean Wave)는, 90년대 K-팝 한류 흥행몰이의 시작인 클론의 〈꿍따리 샤바라〉로 시작하여 싸이(PSY)의 〈강남스타일〉을 거쳐 BTS의 〈버터〉로 그 정점을 찍었다고 볼 수 있을 것이다. 이처럼 대중음악을 통한 한류의 확산이 세계 팝 시장에서 비교적 명확한 족적을 남겼다면 K-Movie, 한국영화의 정점은 (다시 또 반복되지만) 아마도 봉준호 감독의 〈기생충〉의 오스카 4관왕 수상이 아닐까 생각한다.

얼마 전 미국영화전문매체 《스크린랜트(Screen Rant)》의 온라인 플랫폼 조사 결과에 의하면, 〈기생충〉은 피터 잭슨의 〈반지의 제왕〉을 뛰어넘어 '영화 역사상 가장 위대한 아카데미 수상작' 1위에 선정되는 기염을 토하기까지 했다. 이처럼 최근의 계속되는 한국 문화콘텐츠의 강세 때문인지는 몰라도 얼마 전 미국 국민의 한국인에 대한 호감도 역시 그 어느 때보다 긍정적이라는 조사 결과도 나왔다. 미 외교 분야 여론조사기관 시카고국제문제협의회(CCGA)가 지난해 10월 한국국제교류재단(KF)의 지원으로 조사해 발표된 결과에 의하면 100점 만점에 60점으로 1978년 조사가 시작된 이래 역대 최고 수준이라고 한다. 이처럼 한류의 상승세 덕분에 한국인들에 대한 스크린 상에서의 이미지 역시 이전과 달리 대단히 격상된 모습을 볼 수 있는데 이번 챕터에서는 지난 반세기 동안 "영화 속 한국인의 이미지 변화"에 대해 다뤄보려고 한다.

1960년대-1970년대

먼저 1960년대 할리우드영화 속 한국인의 이미지에 대해 살펴보자면 가장 첫 번째로 떠오르는 영화는 멀티플롯(multi-plot)영화의 대가 로버트 알트만 감독의 〈매시(M.A.S.H.: Mobile Army Surgery Hospital)〉라는 작품이다. 우리에게 로버트 알트만은 할리우드 업계의 속물근성에 대한 통렬한 풍자를 담은 1992년도 영화 〈플레이어〉로 잘 알려진 감독인데 그가 1970년도에 제작한 영화가 바로 〈매시〉라는 전쟁·코미디영화이다. 원래 이 작품은 한국전쟁에 종군한 의료인들의 이야기를 코믹하게 그려낸 TV 시트콤을 바탕으로 만들어진 작품인데 시트콤 자체가 워낙 인기가 높아 많은 미국인들이 지금까지도 기억하는 작품이다. (시트콤의 마지막 에피소드는 당시 77%의 경이로운 시청자 점유율을 기록하기도 했다.)

1980년에 제작된 영화 버전 역시 지식인들의 허구, 군 내부의 부조리 등을 유머와 해학으로 적절하게 섞어 블랙코미디로 날카롭게 풍자한 로버트 알트만의 솜씨가 돋보이는 수작이다. 하지만 안타깝게도 영화 속 한국인들의 묘사를 보면 도대체 최소한의 팩트를 기반으로 한 자료조사는 했는지조차 의문이 들 정도로 왜곡이 심하다. 일례로 영화 속 행인들은 모두 베트남 사람들이 쓰고 다니는 고깔모자인 농라(nón lá)를 쓰고 있다.

만약 영화 〈매시〉의 한 장면을 한국에 사는 누군가에게 보여줬다면 십중팔구 이곳은 베트남이라 답할 것이다. 여름에 한국인들은 보릿짚으로 만든 밀짚모자를 쓰지 그 누구도 베트남 모자인 농라를 쓰지 않기 때문이다. 아마도 추정컨대 당시 영화가 만들어졌던 70년대 초반이 미국과 베트남 간의 전쟁이 끝난 직후일 때라 미술팀이 별다른 자료조사 없이(성의 없이) 표현한 것이 영화 속 아쉬운 장면으로 나타난 듯하다.

화이트 워싱(white-washing)

'화이트-워싱'은 영화 산업 용어 중 하나로, 흑인, 아시아인 또는 히스패닉 등 유색 인종의 역할을 백인 배우를 캐스팅하여 표현하는 행위를 통칭하는 용어이다, 비슷한 표현으로서 실제 캐릭터의 피부색은 전혀 고려하지 않고 캐스팅하는 것을 칼라 블라인드(color-blinded) 캐스팅이라고도 말한다.

사실 할리우드에 영화 속 동양인 여할에 대한 화이트 위싱의 역사를 파고들자면 그 역사가 1940년대 이전까지 거슬러 올라가게 된다. 아마 초기 할리우드 영화사에 관심이 있는 분들이라면 1944년에 제작된 캐서린 헵번 주연의 〈드래곤 씨드(Dragon Seed)〉라는 작품에 대해 들어봤을 것이다. 이 영화는 베스트셀러 작가 펄 벅(Pearl S. Buck)의 1942년 소설을 원작으로 제작된 영화로서 2차 대전 당시 중국의 항일정신을 다루는 전쟁·드라마 장르의 영화이다.

이 영화에서 가장 중요한 캐릭터는 진보적인 성향의 제이드인데, 그녀는 영화 속에서 마을 사람들을 올바른 길로 인도하고, 침략자 일본에 맞서 용감하게 싸우는 강인한 여성상을 보여준다. 그런데 문제는 이 중국인 여성 캐릭터가 백인 배우로 캐스팅되었다는 것이다.

그리고 이 작품에서 중국인 캐릭터 링 탠의 아내로는 앨린 맥마흔(Aline MacMahon)이 열연을 펼쳤다. 심지어 그녀는 이 역할로 1945년에 열린 제16회 아카데미시상식에서 여우조연상에 노미네이트 되기도 하였다.

이와 더불어 할리우드 대중문화의 역사에서 화이트 위싱을 얘기할 때 아마도 가장 빈번하게 인용되는 영화는 바로 트루먼 카포티의 역작 〈티파니에서 아침을〉일 것이다. 1961년도에 제작된 이 영화는 아마도 전 세계 많은 관객들에게 가장 사랑받는 로맨틱 코미디가 아닐까 생각한다. 특히 이 작품의 주제가인 〈Moon River〉는 반세기가 지나도 여전히 많은 대중들에게 사랑받고 있는 노래이다. 이 영화의 오프닝 시퀀스는 지금 보아도 전혀 촌스럽지 않으며 오히려 시간이 지날수록 뭐랄까, 묘한 영감을 불러일으키는 그런 명장면이라 말할 수 있다.

이른 아침 밤새도록 어디선가 사람들과 떠들썩한 파티를 끝내고 택시에서 내린 오드리 헵번이 뉴욕의 거리를 쓸쓸히 걷는다. 주제가 〈Moon River〉가 흘러나오는 가운데 그녀가 아침 식사로 종이 봉지에서 푸석푸석한 빵 한 조각을 꺼내 입에 문 채, 그 유명한 티파니에 진열된 보석을 감상하는 장면은 아마도 영화 역사상 가장 잊지 못할 명장면으로 영원히 기억될 것이다.

이처럼 시간이 지나도 변하지 않을 불후의 명작에도 너무나 아쉬운 장면들이 있다. 이중 대부분은 오드리 헵번이 연기한 홀리(Holly)의 이웃인 아이 유니오시(I.Y. Yunioshi) 캐릭터가 등장하는 장면들과 연관이 있다. 뉴욕 태생의 미키 루니라는 백인 배우가 연기한 아이 유니오시는 오드리 헵번이 거주하는 건물의 주인으로 등장한다. 영화 속에서는 그는 툭 튀어나온 배와 뻐드렁니의 추한 외모, 그리고 귀에 거슬리는 어눌한 말투를 가진 인물로 묘사되고, 이후 수십 년 동안 줄곧 영화 속 인종차별을 대표하는 인물로 굳건히 위치하게 된다.

1980년대

1970년대를 지나 80년대로 접어들면서 동양인의 이미지는 양분화 되는데, 첫 번째 이미지는 여전히 영화 속 악당의 역할을 뛰어넘지 못한다. 그 대표적인 이미지로서 아마도 당시 관객들은 알 레옹, 또는 알버트 레옹(Albert Leong)을 떠올릴 것이다.

아마 올드영화 팬들이라면 그의 이름을 정확히 기억하지는 못해도 얼굴을 보면 금방 기억이 떠오를 것이다. 당시 할리우드는 액션·범죄영화에서 범

법자들로 흑인들과 아시아계 배우를 적당히 섞어 등장시키는 것이 유행이었고, 그중에서도 알버트 레옹은 아마도 가장 많은 영화에서 단역 또는 조연급 악당으로 등장한 배우가 아닐까 생각한다. 단언컨대 아마도 그는 가장 많은 A급 할리우드 스타들에게 죽임을 당한 배우가 아닐까. 당장 떠오르는 영화들만 열거해 봐도 〈빅 트러블(Big Trouble in Little China)〉(1986)에서 윙 콩 손도끼 역할로 나와 커트 러셀에 의해 장렬히 전사한다. 이어 1987년과 1988년에는 연이어 블록버스터급 영화에 악당으로 등장하게 된다. 87년에는 〈리썰 웨폰(Lethal Weapon)〉에 엔도(Endo)라는 다소 괴상한 이름으로 등장해 멜 깁슨에 의해 역시 장렬히 죽음을 맞이하고, 그 이듬해인 88년에는 〈다이 하드(Die Hard)〉에 율리(Uli)라는 악당으로 등장해 브루스 윌리스에 의해 장렬히 죽는 연기를 선보인다. 알버트 레옹은 특유의 뒤로 벗겨진 장발 헤어스타일과 무술로 다져진 다부진 몸매로 컬트 팬들에게 지금까지도 제법 기억되는데, 그가 영화 속에서 백인 주인공, 또는 조연들에게 죽는 장면들만 편집해놓은 영상은 언제 봐도 묘한 타격감(?)과 향수를 불러일으킨다. 알버트 레옹이 당시 할리우드에서 동양인의 스테레오 타입을 연기했다면 또 다른 동양인의 모습은 아마도 〈블레이드 러너〉(1982)와 〈마지막 황제〉(1987)에서 찾을 수 있다.

먼저 리들리 스콧 감독의 전설적인 SF영화인 〈블레이드 러너〉에 등장하는 아시아계 캐릭터를 말하자면 영화 속에서 타이렐사의 레플리칸트 디자이너로 등장하는 중국인 배우 한니발 츄(Hannibal Chew)가 있다. 그런데 그보다 주목하고 싶은 것은 마천루 사이를 날아다니는 비행선 뒤로 보이는 전광판 속 일본 여성의 모습이다.

〈블레이드 러너〉를 본 사람이라면 아마 누구라도 이 비주얼을 잊지 못할 것이다. 전광판 속 기모노를 입은 여성의 모습은 뭐랄까 그 시각적 이미지가 너무나 강렬하면서도 당시 동양인들에 대한 서양인의 묘한 두려움을 표출해 내고 있다. 1980년대 중반 일본의 거품 경제가 무너지기 바로 직전에, 일본에 대한 미국인의 부러움 섞인 두려움은 여러 영화 속에서 목격된다. 소니, 토요타, 미쓰비시로 대변되는 1980년대 일본의 경제력이 한창 정점을 찍을 무렵 일본의 부동산 광풍은 해외까지 뻗어나가 미국의 록펠러센터(미쓰비시가 매입), 엠파이어스테이트빌딩(일본인, 미국인 투자자가 파트너십을 체결해 매입)이나 컬럼비아픽처스(소니가 매입), 유니버설픽처스(파나소닉이 매입) 등을 싹쓸이하기도 했다. 앞서 언급한 로버트 알트만 감독의 1992년 영화 〈플레이어(Player)〉의 도입부를 보면 미국의 거대 영화 스튜디오에 한 무리의 일본 바이어들이 마치 관광이라도 온 듯 스튜디오를 활보하는 장면이 나오는데 이러한 장면은 어쩌면 일본에 추월당할 수도 있다는 당시 미국인들의 두려움을 극명하게 보여주는 장면이라 생각된다.

이와 더불어 당시 서양인들의 동양인들에 대한 또 다른 시각은 절반의 신비로움과 절반의 편견이 뒤섞인, 뭐랄까 여러 감정이 뒤섞인 다소 혼재된 시선이라 말할 수 있다. 이를 가장 극명하게 대변하는 작품은 아무래도 그 유명한 베르나르도 베르톨루치의 1987년 영화, 〈마지막 황제〉일 것이다.

이 작품은 청조의 마지막 황제였던 푸이(Pui) 황제의 파란만장한 삶을 다룬 영화이다. 우리나라의 경우로 비교하자면 고종의 손자이자 덕혜옹주의 조카인 조선의 마지막 황손인 가수 이석 씨로 생각하면 이해가 빠를 것이다. 조선의 황손으로 태어나기는 했지만 한일합병의 과정 이후 거리를 전전하는 삶을 살아야 했던 이석 씨의 스토리는 많은 이들을 안타깝게 만드는데 푸이 황제의 경우도 이에 못지않게 드라마틱하다.

이 작품은 당시 〈순응자〉, 〈파리에서 마지막 탱고〉를 제작해 이미 거장의 반열에 오른 베르나르도 베르톨루치의 작품으로 제작 당시 중국 자금성에서 촬영된 첫 번째 서양영화로도 유명세를 탔지만, 그보다 아카데미 후보에 오른 전 분야에서 모두 수상한 영화로도 유명하다. 〈마지막 황제〉는 제60회 오스카시상식 당시 작품, 감독, 각색, 촬영, 편집, 음악. 음향효과, 미술, 의상 등 총 9개 부문에 후보에 올라 해당 부문을 모두 싹쓸이했다. 게다가 이 작품은 베트남 전쟁의 참혹함을 너무도 생생히 스크린에 담아냈던 〈지옥의 묵시록〉의 촬영감독 비토리오 스토라로의 탐미주의적이며 환상적인 촬영으로 인해 지금까지도 많은 관객들에게 각인된 그런 작품이기도 하다.

이러한 명작에도 옥의 티가 있으니 이는 당시 서양인 중심의 시각에서 왜곡된 오리엔탈리즘을 투영했다는 프레임을 뛰어넘지 못했기 때문이다. 영화 〈마지막 황제〉는 청나라 말기 시작된 유럽 각국의 압박과 태평천국의 난으로 인해 지배 체제가 흔들리는 상황에서 겨우 세 살 어린 나이에 황제가 된 푸이의 실제 자서전 『황제에서 시민으로』를 바탕으로 당시 폭풍처럼 휘몰아쳤던 중국의 근현대사를 다루고 있다. 사실 이 작품은 80년대 제작된 당시의 다른 할리우드영화들과 비교하면 비교적 철저한 고증을 바탕으로 제작된 영화라 볼 수 있다. 하지만 그럼에도 동양은 신비하지만 미개하고 야만적이라는 일종의 서양인 중심의 오만한 시각에서 완전히 자유롭지는 못하다.

동양인 또는 아메리카 인디언, 흑인 등 백인 중심의 할리우드 문화에서 그들과 다른 타자를 그릴 때 흔히 가장 많이 거론되는 개념이 바로 고결한 야만인(noble savage)이다. 이 '고결한 야만인'이라는 개념은 영국의 시인 존 드라이든의 1672년 작품 「그라나다의 정복」에서 처음 대두된 개념으로써, 어떠한 사상이나 문명에도 오염되지 않은, 즉, 때묻지 않은 순수한 인간성을 간직한 인간을 상징하는 개념으로 사용되었다. 하지만 시간이 지나면서 존 드라이든이 처음 언급한 '고결한 야만인'이라는 개념은 점차 퇴색되기 시작하여 이후 할리우드의 영화 제작과 맞물리면서 이제는 서구 중심의 다소 인종 비하적인 시선이 깔린 불편한 단어로 전락하였다.

우선 이 개념에 부합하는 영화를 떠올려 보자면, 멀리 가지 않더라도 당장 존 포드의 〈역마차〉(1940)를 위시한 일련의 초기 서부영화들이 그러했고, 〈정글북〉과 〈타잔〉, 그리고 이제껏 디즈니가 제작한 다양한 애니메이션 작품들 속에 이러한 개념이 교묘하게 자리 잡고 있다. 이 '고결한 야만인'은 특히나 서부영화 제작 초기 모든 악당은 아메리카 인디언으로 묘사되는 소위 '난폭한 야만인(brutal savage)'으로 변이하였고, 또한 여성이나 비서구 지역의 사람들은 백인 남성들에 의해 구원받는 '백인 구원자(white savior)' 개념과 뒤죽박죽 섞이면서 미국-백인-남성 중심 이데올로기 전파의 최전선에 위치하게 된다.

물론 할리우드는 1960년대 말 베트남 전쟁에서의 패배, 양성 평등, 흑인 인권 운동과 아메리칸 뉴 시네마 등 격변하는 시대의 소용돌이를 거치면서 어느 정도 이러한 부분들이 자정되는 부분도 있었지만, 이러한 서구 중심의 시각 속에서 아시아인과 같은 소수집단의 묘사는 여전히 개선이 요원한 형태로 스크린 속에 남아 관객을 만났다. 일단 1985년에 제작된 데이비드 린 감독의 〈인도로 가는 길〉을 살펴보자.

이 작품은 1924년 포스터(E. M Foster)가 발표한 동명의 소설을 바탕으로 제작된 영화로서, 영국이 인도를 통치하고 지배하던 시절을 배경으로 하고 있다. 주 내용은 인도를 여행 중이던 영국인 여성이 젊은 인도인 의사를 강간범으로 고소하면서 벌어지는 스토리를 담고 있는데 그 안에서 당시 민족 간의 갈등과 식민지사관에 대한 모순을 그리고 있다. 영화를 조금 더 설명해 보자면, 당시 영국인들의 인도 지배에 대한 반감이 팽배했고, 인도 법원에서 판사로 근무하고 있는 약혼자 로니를 찾아 인도로 여행 온 아델라와 로니의 어머니 무어 부인을 인도인 의사 아지즈가 안내하게 된다. 인도의 '찬드라포어' 출신인 아지즈는 의사로 등장하며 영어를 유창하게 하고 양복을 즐겨 입을 정도로 영국에 대해 호의적인 인물이다. 무어 부인과 아델라, 그리고 아지즈는 인도의 유명한 유적지 마라바 동굴로 여행을 떠나고 그곳에서 무어 부인이 피곤하다며 동굴 밖으로 잠시 나온 사이 동굴에 남아있던 아델라는 피투성이가 된 상태로 밖으로 뛰쳐나온다. 그리고 함께 동굴에 있었던 아지즈는 그녀를 강간하려 했다는 혐의로 체포되고 만다.

영화 〈인도로 가는 길〉은 당시 동양 문화에 대한 서구인들의 단순하고 호기심 어린 시선을 작품 곳곳에서 여과 없이 묘사하고 있으며 영화 속에서 인도는 우리가 알고 있는 인도(India)라기 보다는 '작은 영국'에 가깝게 묘사된다. 데이비드 린 감독은 영화 내내 겉으로는 안 그런 척하지만 인도인들에게 배타적이며 이중적인 태도를 취하는 영국인들의 위선을 날카롭게 묘사한다. 하지만 결국 영화의 주된 시선은 영국의 한 지식인의 눈을 통해 바라본 식민지 통치에 대한 비판의식인지라 어느 정도 백인 중심의 인본주의적 우월감이 바탕에 깔려있는 것이 사실이다. 이러한 서구영화에 비친 오리엔탈리즘적 사고의 핵심은 동양에 대한 현실적인 판단에서 만들어진 것이 아니라, '동양의 여러 나라들'은 서로 닮아 있으며 '서양 사회'와는 본질적으로 다르다는 선입 견에서 파생되었다는 것이다.

1990년대 할리우드영화 속 한국인의 묘사

1980년대가 거의 저물던 1989년, 당시 어떠한 할리우드 주류 영화인도 주목하지 않았던 흑인 감독의 독립영화가 미국영화계뿐 아니라 전 세계영화 계에 엄청난 반향을 불러일으킨다. 우리에게는 훗날 (더 정확히는 1992년) LA 지 역에서 일어난 폭동을 미리 예견한 작품이라고 알려진 스파이크 리 감독의 〈똑바로 살아라(Do the Right Thing)〉는 당시로서는 드물게 한국인 캐릭터가 영 화의 주요한 인물로 등장하는 영화이다.

일단 1980년대 미국영화 속에서 한국 사람이 등장하는 영화 자체가 손에 꼽을 정도로 드물었기에 한국인 캐릭터가 영화에 나온다는 것만으로도 감사 할 지경이지만, 이 영화 속 한국인의 이미지는 조금 아쉽게도 미국에 이민은 왔지만 주류 사회에 동화되지 못한 채 다소 우스꽝스러운 억양의 영어를 구 사하는 일벌레 한국인 이미지로 묘사된다. 하지만 이는 영화 속 이탈리아인의 모습이나 흑인의 묘사와 비교해 본다면 그렇게까지 한국인의 이미지가 부정 적으로만 그려졌다고 볼 수도 없지 않을까 생각된다. 한국인 이미지가 먹고사 는 게 바빠 영어도 잘 못하고 일에만 파묻혀 사는 캐릭터로 그려졌다면, 흑인 들의 모습은 일은 안하고 하루 종일 그늘 아래에 모여 앉아 별 의미 없는 잡담 이나 늘어놓으면서 시간을 때우는 캐릭터로 묘사된다.

우리에게는 박찬욱의 〈올드보이〉 미국판 리메이크 감독이자, 아카데미에서 봉준호 감독의 감독상 시상지로 알려진 스파이크 리 감독이 한창 날이 서 있을 당시 제작한 〈똑바로 살아라〉는, 당시로서는 드물게 다민족성의 문제와 더불어 주류 영화에서 전혀 관심 받지 못하던 한인 교포 사회의 생활상을 화면에 담아냈기에 이러한 이유만으로도 나름의 의미가 있는 영화가 아닐까 생각한다.

1990년대 주류 영화 속 동양인의 묘사

2021년 제93회 아카데미시상식에서 윤여정 배우가 여우조연상을 수상한 작품 〈미나리〉는 아메리칸 드림을 꿈꾸며 미국에 정착한 어느 한인 가정의 이야기를 따라가는 영화이다. 먹고 살기 위해 아들 부부가 일하는 동안 손자를 돌봐주러 한국에서 할머니가 오게 되고, 태어나 처음으로 할머니를 만나는 손자 데이빗은 그런 할머니가 어색하기만 하다. 이 작품 이후 데이빗 캐릭터를 연기했던 아역 배우 앨런 킴은 한국에서 몇 편의 광고를 촬영하는 등 스타덤에 올랐고 〈미나리〉 역시 아카데미 작품상 불발에도 불구하고 한동안 뜨거운 열풍을 이어갔다. 그런데 사실은 〈미나리〉와 비슷하게 아시아계 할머니와 손녀의 이야기를 다룬 영화가 이미 전년에도 있었다. 그 작품은 바로 봉준호 감독이 "위대한 아시아 여성감독의 영화"라 극찬한 룰루 왕 감독의 〈페어웰(Farewell)〉이다. 이 작품 역시 참신하면서도 대단히 보편적인 감성으로 2019년 미국 독립영화시장에서 좋은 평가를 이끌어냈다.

죽음을 앞둔 할머니를 만나기 위해 중국에 온 중국계 미국인 손녀가 겪는 다양한 감정을 중심으로 이야기를 풀어가는 〈페어웰〉은 미국에서 자란 아시아계 감독들만의 새로운 시각과 터치로 주류 할리우드영화계에 참신한 변화를 불러일으켰다는 평을 받았다. 아시아 감독이 만들어낸 소위 동양인 특유의 가족애가 잘 녹아 있는 작품의 시작은 아무래도 웨인 왕 감독의 〈조이 럭 클럽〉부터이지 않을까 생각한다.

우리에게는 〈스모크〉로 잘 알려진 웨인 왕 감독이 중국계 여류작가 에이미 탄의 동명소설을 바탕으로 제작한 1993년 영화 〈조이 럭 클럽〉은 분명 할리우드 내에서 동양인의 목소리를 드높인 기념비적인 작품으로 기억된다. 이 영화는 1940년대 혼란의 중국에서 도망쳐 샌프란시스코에 터를 잡은 중국계 이민 1세대 어머니들과 미국에서 자란 딸들의 갈등과 화해를 다루고 있는 작품이다. 지금에야 〈크레이지 리치 아시안〉과 같이 영어하는 동양인이 별다를 것 없지만 당시로서는 아시아계 미국인이 스크린 전면에 드러나는 몇 안 되는 작품 중 하나로 기억된다. 동양인에게 무지했던 60년대와 70년대를 거쳐 오리엔탈리즘적인 사고방식과 호기심 가득했던 서양의 시선이 1990년대에 접어들면서 드디어 하나의 '보편적인 인간'으로서 아시아인을 대하기 시작했다. 저명한 미디어학자 마샬 맥루한이 이미 오래 전에 주창한 지구촌(global village)이 비로소 현실적으로 다가오고, 비록 서툴지만 나 아닌 다른 민족에 대한 공통분모를 찾으려는 노력이 가속화되기 시작한 것도 90년대가 아닌가 생각된다.

이러한 움직임은 미국뿐만 아니라 극동아시아에서도 발견되는데, 미국 MTV의 아시아 버전인 홍콩 스타 텔레비전의 채널 V는 아시아 전역의 음악방송 채널로 부상하면서 홍콩뿐 아니라, 한국, 일본, 필리핀, 말레이시아 등 전 아시아 지역을 하나로 연결하는 소위 아시아-퍼시픽 인류의 탄생을 알리게 된다.

　어기에 일본 애니메이션 〈아키라〉, 〈드래곤 볼〉, 〈피카츄〉, 그리고 90년대 중반 시로 마사무네의 원작을 바탕으로 제작된 〈공각기동대〉의 전 세계적인 엄청난 인기는 동양에 대한 차별 섞인 시선을 단숨에 뛰어넘어 아시안 문화 콘텐츠를 숭배하기까지 하는 서양의 젊은이들을 양산해 냈다. 그중에서도 특히 일본 애니메이션에 대한 인기는 한때 일본 'Japanese'와 백인 'White', 되고 싶다 'Wannabe'의 합성어인 와패니즈(Wapanese)라는 신조어까지 만들어 내며 서양인들의 동양에 대한 편견은 점차 변화한다.

2000년대

　새로운 밀레니엄이 시작된 2000년대에는 이제껏 〈폴링 다운〉이나 〈블랙 레인〉과 같은 할리우드영화, 또는 유럽 문화 속에 그동안 줄기차게 묘사됐던, '영어는 못하면서', '돈만 밝히는' 동양인의 이미지에서 확실히 탈피해 점차 다양한 모습을 보여준다. 가장 먼저 떠오르는 작품으로는 2008년에 제작된 짐 캐리 주연의 〈예스 맨〉이다. 이 영화는 언제나 부정적으로 변화 없이 인생을 살아가던 주인공 칼 알렌이 '인생역전 자립 프로그램'에 가입하면서 벌어지는 유쾌한 소동을 스크린에 담은 작품이다. 이 영화에서 칼 알렌(짐 캐리)은 자신은 무엇이든 할 수 있다면서 한국어를 배우는 장면이 등장한다. 이때 당시 최초로 개런티 2천만 불을 넘긴 할리우드 대스타가 한국어를 구사한다는 설정만으로도 매우 신선하게 다가왔던 기억이 난다. 그렇다. 아마 바로 이 무렵부터였던 것 같다. 대한민국의 눈부신 경제발전과 최첨단의 IT 산업, 그리고 한류문화의 확산으로 이제 한국과 한국인에 대한 이미지가 조금씩 변화하는 게 피부로 체감할 수 있었던 시점이(코엔 형제의 〈시리어스 맨〉에서 교수를 괴롭히는 학점에 목매는 엉뚱한 한국인 유학생이 등장했던 것도 이 시기였던 걸로 기억한다).

2000년대 초중반을 기점으로 이제 한류와 K-팝의 확산은 전 세계적으로 확실히 모멘텀을 탔으며 한국과 한국 제품에 대한 브랜드 이미지 역시 글로벌 소비자들에게 확실히 각인되었다.

명배우 알 파치노가 카지노계의 거물로 등장하는 〈오션스 13(Ocean's Thirteen)〉에서는 전자파가 모두 차단된 경비실 안에서 알 파치노의 핸드폰이 울린다. 이때 직원은 "그럴 리가 없다. 여기에서는 모든 휴대 전화의 통화가 불가능한데 어떻게 그런 일이 가능하냐?"고 묻는다. 이에 알 파치노가 답한다.

"(이건) 삼성이거든."

2007년 전 세계적으로 3억 2,000만 달러의 흥행을 거둬들인 할리우드영화 〈오션스 13〉의 한 장면이다.

그리고 오빤 강남 스타일!!

2012년, 한 마디로 세상이 바뀌었다. 2012년 7월 말 싸이가 텔레비전 토크 쇼 〈라디오 스타〉에 나와 새로 나온 앨범 홍보를 할 때만 해도 군대를 두 번 다녀온 가수 싸이와 한류의 운명을 예견한 사람은 아마 단 한 명도 없었을 것이다. 〈강남스타일〉이 미국 가수인 위즈 칼리파와 찰리 푸스가 부른 〈See You Again〉에 유튜브 조회수 1위 자리를 내주기 전까지 〈강남스타일〉은 무려 29억 회의 유튜브 조회수를 기록하며 그야말로 전 세계적인 메가 히트를 기록했고, 이후 한국 콘텐츠에 대한 위상은 이전과는 비교할 수 없을 정도로 높아지게 되었다.

2010년 이후 할리우드영화 속 한국의 이미지

싸이의 〈강남스타일〉의 핵폭풍급 인기와, 2000년 초반 봉준호 감독의 〈살인의 추억〉과 〈올드보이〉의 세계적 흥행 이후 이제 할리우드영화 속 아시아인, 아니 한국인에 대한 묘사는 확연히 달라졌다.

일단, 2016년 개봉한 SF영화 〈콜로설(Colossal)〉은 직장과 남자친구를 잃고 고향으로 돌아온 글로리아(앤 해서웨이)가 어느 날 서울 시내 한복판에 나타난 정체모를 괴수와 동기화 되면서 벌어지는 사건을 담고 있으며, 〈소스 코드〉의 감독 던컨 존스 감독이 연출한 2009년 작품 〈더 문〉에서는 아예 우주 정거장의 이름이 한글로 '사랑'이라고 쓰여 있다. 던컨 존스 감독의 인터뷰에 의하면, 평소 박찬욱 감독에 대한 존경의 의미로 한국과 관련된 무언가를 넣고 싶었지만 시간이 부족해 영화 장면으로는 못 넣고 대신 한국어를 사용하게 되었다 한다.

〈블랙 썸머〉의 경선

이렇듯 할리우드영화 속 아시아인, 한국, 또는 한국인에 대한 이미지는 90년대에서 새로운 밀레니엄, 그리고 2000대 초반에서 다시 2010년대로 시대가 바뀌면서 보다 다양한 형태로 변화하고 진화하게 되는 모습을 보여준다. 확실히 이전과 비교할 때 보다 주체적이며 스스로의 운명을 개척하려고 하는 소위 진정한 '캐릭터'의 형태로 등장한다. 첫 번째 예시로 2019년 제작된 넷플릭스의 드라마 〈블랙 썸머(Black Summer)〉가 적절하지 않을까 생각한다. 이 좀비 아포칼립스 드라마는 '좀비 대재앙'이 세상을 뒤덮은 암흑의 시대에 인류는 절체절명의 위기에 처하게 되고, 얼마 안 되는 생존자들은 살아남기 위해 서로 힘을 모은다는 내용을 담고 있다.

좀비 바이러스가 세상을 뒤덮는 가운데 도피 과정에서 어린 딸과 헤어진 로즈는 또 다른 생존자인 스피어스와 만나, 함께 피난민들이 모여 있는 마지막 도피처 스타디움으로 향한다. 여기서 놀라운 사실은 총 8개의 에피소드로 구성된 〈블랙 썸머〉 시즌 1에서 마지막까지 살아남는 정말로 몇 안 되는 생존자들 중에 한 사람이 바로 한국인 '경선' 캐릭터라는 것이다.

드라마 속 경선은 북한을 홀로 탈출한 인물로 어떻게든 좀비 아포칼립스 상황에서도 살아남아 어머니를 보는 것이 목표이다. 〈블랙 썸머〉에서 경선은 이전까지 한국인이나 동양인이 단순한 병풍이었던 것에 비해 등장인물들 중에서 가장 선량한 인물로 그려진다. 또한 그녀는 좀비 바이러스가 세상에 퍼진 극도의 혼란 속에서도 압박감을 이겨낼 줄 알며 타인을 배려하고, 무엇보다 생존을 위해 무엇을 해야할지 알고 있는 현명한 캐릭터로 묘사된다. 그녀는 영어를 구사하지 못한다는 핸디캡을 바디 랭귀지로 훌륭히 극복하며 소통한다. 또한 다른 인물들과 깊은 대화를 나누지는 못하지만 그럼에도 모두에게 긍정적인 에너지를 전달한다. 이제까지 한국인 캐릭터가 경선과 같이 주도적으로 주류 관객들에게 보여진 적이 또 있었을까 싶을 정도로 〈블랙 썸머〉에서 그녀의 활약은 가히 인상적인 수준이라 말할 수 있다.

〈아이엠히어〉, 영화 속 한국

2019년 개봉한 배두나 주연의 〈아이엠히어〉에서는 프랑스인이 삶의 활기를 찾아 아예 한국으로 날아온다. 프랑스의 국민 배우 알랭 샤바가 연기한 스테판은 아내와는 결별했고 자식과도 서먹서먹한 삶을 살고 있다. 그러던 그는 소셜 미디어를 통해 알게 된 '수(Soo)'를 통해 그동안 잊고 지냈던 삶의 활력을 찾아간다. 그는 "(벚꽃을) 같이 보면 정말 좋을 텐데"라는 수의 한 마디에 한국행을 결심한다.

이후 〈아이엠히어〉 속 드라마는 80년대 오리엔탈리즘이 팽배했을 무렵의 유럽영화 속 동양인과 달리 어떠한 판타지적 필터도 덮어쓰고 있지 않고, 90년대 할리우드영화 속 동양인처럼 왜곡되고 그릇된 묘사도 없다. 마치 한 편의 프랑스영화를 보듯이 정말이지 자연스럽게 한국과 한국인을 묘사한다. 한국인에 대한 영화 속 이미지는 이 작품에서 한 단계 넘어섰다고 봐도 무리가 없을 정도이다. 영화에서 한국에 온 스테판을 반기는 사람은 없다. 떠들썩한 환영도 없고, 스테로이드를 맞은 듯 한껏 부풀린 스토리도 없이 오직 현실에 부딪힐 뿐이다. 수를 만나지 못한 스테판의 다음 행동은 톰 행크스 주연의 영화 〈터미널〉을 떠올리게 한다. 그는 공항 벤치에서 노숙도 하고, 소주도 마셔보고, 또 다른 여행자들과 어울려 생활하면서 어느새 인스타그램에서 유명인이 되지만, 허무하게도 그를 진정으로 위로해 주는 이는 소셜 미디어를 전혀 할 줄 모르는 공항 환경미화원뿐이다. 〈아이엠히어〉는 이제껏 그저 피상적으로만 접근했던 할리우드, 또는 유럽의 오류를 범하지 않는다. 〈아이엠히어〉는 동양인을 하나의 또 다른 캐릭터로 바라본다. 이렇게 작은 일이 그동안 그렇게 힘들었던가….

그리고 BTS…

이번 챕터에서는 할리우드영화 속 한국인의 이미지의 변천사를 다양한 영화들을 통해 이야기해 보았는데 문득 뜬금없이 BTS 얘기가 필요하다는 생각이 들었다. 현재 방탄소년단의 〈Butter〉는 후속곡 〈Permission to Dance〉와 엎치락뒤치락 하며 1위 자리를 서로 바꿔가며 9주 연속 빌보드 1위라는 전대미문의 기록을 세웠다. 이제 뉴욕 다운타운 거리를 걷다가 아이리쉬 펍(pub)에서 한국어 노래가 흘러나와도 전혀 이상하지 않은 세상을 우리는 지금 살고 있다. 불과 십여 년 전과 비교해도 정말이지 세상이 바뀌고 있다는 사실을 피부로 실감하고 있다.

최근 들어 한국 배우들의 할리우드 캐스팅 소식이 심심치 않게 들려오고 있다. 마동석 배우가 〈이터널스〉의 길가메시 캐릭터로 나오고 〈버닝〉의 전종서는 〈모나리자 앤 더 블러드문〉의 주인공으로 등장한다. 이제 동양인은 더 이상 돈만 밝히는 영어 못하고 수학만 잘하는 광대뼈가 튀어나온 캐릭터가 아니다. 이제 한국인은 〈기생충〉의 기택과 같이 어떻게든 살아보겠다고 기발한 기지를 발휘해 부잣집에 운전사로 침투하는 인물이자, 〈블랙 썸머〉의 경선과 같이 좀비 아포칼립스 상황 속에서도 최후까지 생존해 내는 그런 인물로 묘사된다. 이 모든 변화가 불과 반세기 만에 일어난 변화들인데, 글쎄, 물론 그 시간이 결코 짧은 시간은 아니지만 최근의 변화들이 신기한 건 사실이다. 어찌 됐든 이제 앞으로 그려질 주류 영화 속 쿨(cool)한 동양인의 이미지가 무척 기대되는 게 사실이다.

You've come a long way
baby."

968년도 페미니즘이 미국에서 한
상 인기를 얻기 시작할 즈음 담배 회
사 필립 모
른 담배 'ㅂ

ㅓ이다.

정말 먼 길을 왔다… ."
의 담배 광고 슬로건은 내가 한국
영화를 생각할 때 가장 먼저 떠올렸
던 문구이다. 지금이야 한국영화의
위상이 하늘을 찌르고 있지만 나는
한국영화에 대한 인식이라고는 요
만큼도 없던 그 시기가 기억난다. 한
국영화 역시 먼 길을 돌아왔고, 나는
지난 30여 년간 뉴욕에 살면서 그
과정을 눈앞에서 지켜본 생생한 역
사의 목격자이다. 내 이야기는 90년
대 중반 뉴욕에서 시작이 된다.

한국영화에 대한 해외 관객의 인식 변화 (1990년대 – 2000년대 초반)

박미나

"You've come a long way, baby."

1968년도 페미니즘이 미국에서 한창 인기를 얻기 시작할 즈음 담배 회사 필립 모리스가 여성 대상으로 만든 담배 '버지니아 슬림'의 광고 슬로건이다.

"정말 먼 길을 왔다…."

위의 담배 광고 슬로건은 내가 한국영화를 생각할 때 가장 먼저 떠올랐던 문구이다. 지금이야 한국영화의 위상이 하늘을 찌르고 있지만 나는 한국영화에 대한 인식이라고는 요만큼도 없던 그 시기가 기억난다. 한국영화 역시 먼 길을 돌아왔고, 나는 지난 30여 년간 뉴욕에 살면서 그 과정을 눈앞에서 지켜본 생생한 역사의 목격자이다. 내 이야기는 90년대 중반 뉴욕에서 시작이 된다.

1995년 뉴욕 여름

나는 영화공부를 하기 위해 뉴욕으로 돌아왔다. 나에게는 집에 돌아온 기분이 들었다. 나는 두 살 때 가족과 함께 뉴욕으로 이민을 왔었고 그렇게 십대 중반까지 미국에서 살다가 14살 때 가족과 함께 다시 한국으로 돌아갔다. 이후 다시 한국에서 9년이라는 세월을 보내긴 했지만 내게는 유년 시절을 보냈던 뉴욕이 왠지 고향 같았고, 다시 뉴욕으로 돌아왔을 때는 부모님과 함께가 아닌 나 혼자였기에 JFK 공항에 착륙했을 때 나는 묘한 긴장감에 설레이기까지 했다. 당시 뉴욕은 지금의 뉴욕과는 많이 달랐다. 타임스퀘어는 화려한 불빛과 세계 각지에서 몰려든 관광객으로 가득차 있기 보다는 사방에 을씨년스러운 섹스 숍들이 눈에 띄었고, 소호는 지금의 정돈된 쇼핑 타운이 아니라 삶에 이리저리 치인 예술가들이 하루하루를 그저 꾸역꾸역 버텨나가며 작업하는 그런 동네였다. 하지만 90년대 뉴욕의 거리는 세상 그 어느 곳과도 비교할 수 없는 어떤 아우라가 있었다. 전철로 10분 거리에 위치한 수많은 박물관에서는 쉽게 보기 힘든 고전 명작들을 감상할 수 있었으며, 길거리를 걸어 다니면서도 벽화나 그래피티를 보면서 최신의 모던아트를 만날 수 있는 그런 곳이었다. 그때의 뉴욕은 지금의 뉴욕보다 더 더럽고 무섭고 살벌했지만 그때의 뉴욕은 한마디로 쿨했다.

그 당시 미국에서는 존 카사베츠, 우디 앨런, 코엔 형제를 비롯한 다양한 인디영화들이 꽤 높은 인기를 누리고 있었고, 소규모의 독립영화사에서 제작하는 작품들로 도시 곳곳에서 독립영화 촬영을 어렵지 않게 목격할 수 있었던 그런 시기였다. 특히 1970년대 세계영화사에 새로운 풍미를 더한 뉴 할리우드 영화들의 뿌리는 90년대 뉴욕 인디시장에서 작업하는 많은 영화인들의 자존심으로 이어졌다. 뿐만 아니라 당시 뉴욕은 상업적인 대중영화와는 다소 거리가 멀었지만 여러 시네필들에게 강인한 인상을 남긴 데이비드 린치, 존 워터스를 비롯해 〈오후의 올가미〉(1943)를 제작한 마야 데렌과 케네스 앵거, 백남준과 같은 실험영화감독들의 아지트이자 보금자리였다. 특히나 1990년대 초반은 선배 인디감독들의 정신을 이어받은 짐 자무쉬, 〈천국보다 낯선〉(1984), 〈그녀는 그것을 가져야만 해〉(1986)의 스파이크 리, 그리고 〈섹스 거짓말 그리고 비디오테이프〉(1989)의 스티븐 소더버그와 같은 새로운 인디감독들이 이제 막 급부상하기 시작했던 그런 시기였다. 또 단돈 7천 달러의 초 저예산으로 제작된 로버트 로드리게즈의 영화, 〈엘 마리아치〉(1992)의 경우 제작비의 300배가 넘는 204만 달러를 벌어들이면서 주연이었던 안토니오 반데라스와 셀마 헤이엑을 할리우드에 자리잡게 해주었다. 당시의 독립영화계의 분위기를 설명하기 위해 한 편의 예를 더 들자면 〈블레어 위치〉(1999)를 빼놓을 수 없다. 이 작품의 경우 8일만에 모든 촬영을 끝냈으며 영화의 대부분이 즉흥적인 연기로 이루어진 진정한 의미의 독립영화이지만, 전 세계적으로 4천 5백만 달러에 달하는 엄청난 흥행 수익을 기록한 한마디로 독립영화계의 끝판왕이었다.

　이처럼 수많은 독립영화가 전성기를 맞이하던 그 시절, 한국영화는 뉴욕에서 어느 정도의 인지도가 있었을까?

　당시 미국 관객들의 일반적인 분류법은 간단했다. 그들의 기준에서 '외국' 영화들은 그저 주류 영화가 아닌 '인디영화'였다. 90년대 중반까지 미국에 알려진 외국영화들 대부분은 유럽에서 건너온 영화들이었고, 그마저도 접하기가 쉽지 않았었다. 반면 방학 때 한국에 가끔 들르면 아이러니하게도 뉴욕에서 보지 못했던 홍콩이나 프랑스 등 다양한 외국영화를 비교적 쉽게 봤던 기억이 난다. 당시 미국 관객에게는 한국에서는 전 국민이 알고 있는 소피 마르소의 〈라 붐〉(1980)도 낯선 인디영화로 인식되던 시기였다.

극장 역시 지금처럼 스트리밍 플랫폼이 범람하는 것과 달리 몇몇 아트영화 전용관 위주로 인디영화나 외국영화를 접할 수 있었다. 또한 특이하게도 특정 국가의 작품들만 상영하는 몇몇 극장도 있었다. 발리우드영화를 주로 틀어주던 'Bombay Theatre'가 있었다면 또 중국영화를 메인으로 하는 'The Music Palace', 'Sun Sing Theatre' 등이 있었다.

뉴욕은 예술영화 전용관의 역사가 깊은 도시다. 언뜻 기억나는 극장들만 몇 개 열거해 보자면 'IFC센터', 'Quad 시네마', 'Anthology Film Archives', '시네마 빌리지' 등, 그중에서도 (이제는 문을 닫았지만) '링컨플라자'나 '선샤인극장'과 같은 유서 깊은 극장들은 최소 50년 넘는 세월 동안 뉴요커들에게 즐거움과 감동을 선사해온 극장이었다.

이처럼 오래된 예술 극장들이 도시 곳곳에 즐비하지만 그중에서도 뉴욕대(NYU) 근처에 자리한 '안젤리카극장(Angelika Film Center)'은 여러 독립영화인들에게 가장 친숙한 극장이 아닐까 싶다. 1989년에 다운타운 소호 한가운데 오픈한 안젤리카극장은 다른 극장에서 찾아보기 힘든 인디영화, 외국영화 라인업을 관객에게 소개해왔고, 안젤리카에서 주최한 수많은 영화제를 통해서 주요 인디영화들이 데뷔하기도 했다. 안젤리카극장에 대한 극찬만큼 불평도 수두룩하다. 스크린이 너무 작다, 의자가 너무 불편하다 등. 때로는 지나가는

필름 포럼 극장, 뉴욕.

전철 소리가 상영되는 영화의 사운드트랙의 일부가 되는 것, 그게 안젤리카의 '트레이드마크'가 아닌가 싶다. 그래도 안젤리카극장이 인디영화의 대중적인 자리매김과 번성에 큰 힘이 돼줬다는 것은 틀림없다. 안젤리카극장 카페는 미래의 영화인들이 모여서 열정적인 대화를 나누는 장소이기도 하고 활발한 비즈니스가 이뤄지는 곳이기도 하다. 뉴욕에서 영화 공부를 한 사람이면 안젤리카극장에 관련된 이야기 하나쯤은 있을 것이다.

안젤리카극장은 아마도 90년대 많은 뉴욕영화인들에게 최애 극장으로 기억될 것이다. 그렇지만 누가 뭐래도 내가 제일 좋아하는 극장은 '필름 포럼 (Film Forum)'이다. 이 극장은 내게 매우 특별한 장소이다. 1997년 여름, 나는 영화 공부를 마치고 바로 뉴욕 인디영화계로 몸을 던졌다. 처음에는 주로 조연출 파트에서 일을 시작했다. 미국의 연출부 시스템은 한국의 도제 시스템과는 조금 다르게 연출부 막내가 연출 파트가 아닌 프로듀싱 라인으로 이어진다. 그래서 3년 정도 열심히 일을 하다 보니 어느 순간 내 진로를 결정해야 하는 시기가 다가왔고, '감독이냐 프로듀서냐' 이런 갈림길에 서게 됐다. 그 큰 과제를 안고 고민하던 찰나에 9·11 테러가 일어났다.

내가 살고 있는 도시에 그런 어마어마한 사건이 발생했기에 남은 2001년은 거의 멘붕 상태로 보냈다고 해도 과언이 아니다. 그러다가 2002년 1월 1일 아침, 해가 바뀌었다는 이유 하나만으로 희망을 느꼈다. 나는 결국 감독이 되는 길을 택했고 그렇게 '감독되기 프로젝트'를 시작했다. 1년간 극장에서 다시 '연출적 마인드'를 가지고 영화를 보면서 공부했다. 나는 필름 포럼 극장을 주 '교실'로 삼았다. 당시 필름 포럼은 정규 회원으로 등록하면 단돈 5달러에 영화 한 편을 볼 수 있게 해주었고, 특별 프로그램은 동시 상영(double feature)이 가능했다. 즉 $5로 두 편을 볼 수도 있었다. 필름 포럼의 특별 프로그램은 몇 주 동안 한 테마로 영화를 묶어서 상영하는 프로그래밍인데, 감독 시리즈가 될 수도 있고 '1930년대-1940년대 미국 코미디'처럼 한 시대의 장르영화일 수도 있다. 거의 매일 출퇴근하듯이 필름 포럼에서 두 편을 관람하면서 1년에 200편 넘는 영화를 극장에서 볼 수 있었다. 미후네 도시로와 구로사와 아키라 시리즈, 에른스트 루비치 시리즈, 해럴드 로이드 시리즈 등, 당시 나에게는 필름 포럼이 영화에 대해서 다시 배울 수 있는 최적의 공간이었다.

한국영화 = 아트영화 = 'Foreign' Film('낯선' 영화)

90년대 중반 당시 뉴욕에서 중국이나 인도영화는 접근이 비교적 어렵지 않았다. 하지만 한국영화는 찾기 힘들었다. 한국영화를 볼 수 있는 유일한 창구는 코리아 타운에 있는 한국 비디오 가게에서 개봉한 지 한참 지난 VHS 테이프를 통해서였다. 그렇게라도 볼 수 있어서 너무나 행복했던 때였다. 요즘으로 말하자면 마치 넷플릭스 드라마의 한 시즌을 통으로 보는 것처럼 학교에서 시험을 마친 후 제일 인기있던 드라마를 한꺼번에 빌려오고 군것질거리도 준비해서(멜로일 경우에는 휴지도 필수) 친구들과 함께 행복하게 밤새 봤던 기억이 난다.

당시 뉴욕에서 영화를 공부하던 학생들은 주로 인디영화나 실험영화 또는 아방가르드영화들을 선호했다. 심지어 할리우드 대중영화를 좋아한다면 살짝 무시당하는 분위기도 없지 않아 있었다. 하지만 여전히 대부분의 극장과 비디오 숍에서는 외국영화를 쉽게 접할 수 없었다. 다행히 우리에게는 뉴욕대

근처에 대형 비디오 숍이 있었는데 그 이름은 심지어 '킴스 비디오(Kim's Video & Music)'였다. "킴스 비디오"는 말 그대로 비디오/음반을 판매/대여해주는 곳이었지만 뉴욕의 인디영화인들에게는 훨씬 더 특별한 곳이었다.

아마도 90년대 뉴욕에서 영화나 미디어를 공부했다면 한국인이건 미국인이건 국적과 상관없이 킴스 비디오를 모를 수가 없다. 사장인 김용만 씨가 1986년 자신이 운영하던 세탁소 한구석에서 시작한 킴스 비디오는 최전성기 때에는 무려 열한 개 점포에 회원 수만 23만 명을 넘어섰다. 그곳에는 미국 내 어디서도 구하기 힘든 수많은 영화들이 진열되어 있었고 심지어 포르노 코너까지 제법 넓게 따로 구비되어 있었다. 뿐만 아니라 신인 감독들의 미개봉 영화들도 볼 수 있었다. 킴스 비디오는 단순히 비디오 가게로만 보기에는 너무도 큰 존재감을 지니고 있었다. 주급이 낮은 데도 불구하고 이곳에서 알바를 뛰는 것은 명성도 경쟁도 높았다. 대부분의 직원들은 영화에 대한 지식 수준이 상당했기에 엄청난 프라이드와 더불어 대체로 싸가지가 없는 것으로 유명했고 심지어 그게 자랑이었다. 이처럼 25년 넘게 뉴욕 다운타운 예술영화의 자존심을 지켰던 킴스 비디오였지만 변화하는 시대의 흐름은 역행할 수 없기에, 2014년도에 마지막으로 킴스 비디오 가게가 문을 닫게 되었다. 그렇지만 최근에 킴스 비디오는 컴백하는 중이다. 2022년 3월 뉴욕 금융가에 있는 'Alamo Drafthouse' 극장 안에 다시 문을 열면서 무료로 영화 VHS와 DVD를 빌려주고 있다. 또 〈킴스 비디오〉(2023)라는 다큐멘터리영화가 2023년 선댄스영화제에서 상영하기도 했다.

처음 킴스 비디오를 들렀던 기억이 지금도 생생하다. 이스트 빌리지의 중

Mondo Kim's, St. Mark's Place, 뉴욕 (과거). 개러지 록 밴드 Guitar Wolf 공연 중.
Courtesy of Brian Turner.

Alamo Drafthouse 극장 내의 킴스 비디오, 뉴욕 (현재)

심인 세인트 마크스 플레이스에 위치한 본점, 주위 타투 가게, 봉(물담배용 파이프)과 같은 각종 '흡입' 도구를 파는 가게, 빈티지 옷 가게, 자그만한 일식, 한식 맛집들…. 또 지금은 없어졌지만 당시에 명소였던 세인트 마크스 서점, 언더그라운드 클럽 CBGB 등, 언제나 휘황찬란하게 번쩍번쩍했던 거리였다. 그 가게들 중심에 위치한 킴스 비디오 역시 그 화려함에 뒤지지 않았다. 실내는 좀 어수선하고 정리도 잘 안 된 듯하지만 한 번도 들어보지 못한 영화들로 가득 차 있었다. 우선 다른 비디오 가게들과 다르게 국가별, 감독별로 비디오가 진열된 것 자체가 너무나 생소했다. 보통은 최신영화나 장르별로 이렇게 진열돼 있었다면 킴스 비디오에서는 예를 들어서 장뤽 고다르 감독의 영화들을 모아 놓고 그 앞에 심플하게 "God"으로 표시해 놓았던 것이다.

그곳에서 여러 나라 영화들을 보면서 절로 신이 났다. 나는 당연히 궁금한 마음에 "Korea"로 표시된 곳을 열심히 찾아봤다. 잔뜩 기대에 부푼 마음으로 한국을 찾아봤는데…. 찾을 수가 없었다. '어, 이상하다….' 다시 마음을 가라앉히고 천천히 찾아봤는데 정말 한국영화를 찾을 수가 없었다. 아니, "Korea"라는 섹션은 고사하고 그 넓은 매장 전체에 한국영화 자체를 찾을 수가 없었다. 눈에 힘을 주고 다시 매장 전체를 샅샅이 뒤져보니 일본영화 칸 옆에 딸랑 비디오 한 개, 바로 임권택 감독의 〈아제 아제 바라아제〉(1989)가 있을 뿐이었다. (그로부터 몇 달 후 두 번째 한국영화, 박철수 감독의 〈301, 302〉(1995)를 찾을 수 있었다.) 세계 구석구석에서 희귀한 영화들이 그렇게 다 모여 있는 가운데, 함께 진열된 일본영화는 너무 많았다. 구로사와, 오즈, 이마무라 등 이렇게 감독별로 구분되어 있었는데, 한국영화는 겨우 한 편만 찾을 수 있었다. 1995년 뉴욕에는 그 누구도 한국영화를 모르는 것만 같았다.

1990년대 아시안영화

사실 90년대 뉴욕에서 아시안영화에 대한 인지도는 제법 높은 편이었다. 이미 구로사와나 오즈 같은 일본감독은 높은 평가를 받고 있어서 그들의 영화를 영화 수업 중 공부하기까지 했다. 조지 루카스 감독은 미국 팝 컬처에 한 자리 하고 있는 〈스타워즈〉(1977)가 구로사와 감독의 〈숨은 요새의 세 악인〉(1958)에 많은 영향을 받았다고 말하기도 했다.

일본영화와 더불어 90년대 중반 홍콩영화의 인기도 꽤나 많았다. 70년대 이소룡 액션영화가 80년대 성룡영화로 이어갔고 또 오우삼 감독의 〈영웅본색〉(1986)이 '홍콩 누아르'라는 새 장르를 탄생시켰다. 미국에서는 〈영웅본색〉이나 〈첩혈쌍웅〉(1989) 같은 영화를 'heroic bloodshed film'라고 불렀다. 여기에다가 1997년 칸영화제에서 〈해피 투게더〉(1997)의 왕가위 감독이 중국 감독으로서는 최초로 감독상을 수상하면서 어마어마한 홍콩영화 붐이 확산되는 추세였다. 그 덕분에 〈중경삼림〉(1994)이나 〈타락천사〉(1995)와 같은 왕가위 감독의 이전 작품들도 특별 스크리닝으로 뉴욕 극장에서 볼 수 있었다. 그럴 때마다 함께 영화 공부하는 미국 친구들이 더 열광하면서 꼭 보러 갔던 것으로 기억한다.

아울러 중국영화도 높이 평가되고 있었다. (물론 이때는 홍콩, 중국, 타이완 등 이렇게 구별하기 보다는 그냥 'Chinese'로 간주되던 시기였다.) 그중 외국에서 제일 명성을 누리고 있던 감독은 장이머우 감독, 천카이거 감독과 타이완의 이안 감독이었다. 특히 천카이거 감독의 〈패왕별희〉(1993)는 현재까지도 (2023년 현재) 중국어영화로서 유일하게 칸영화제 황금종려상을 받은 작품이다. 여러 중국감독들이 국제영화제에서 사랑을 받고 있었지만 누가 뭐라해도 미국에서 가장 성공한 아시아 감독은 이안 감독이라고 볼 수 있다.

이안 감독의 〈결혼피로연〉(1993)은 베를린영화제의 최고상인 황금곰상을 받았고 〈음식남녀〉(1994)는 아카데미 외국어영화 부문의 후보로 올랐으며, 1995년 개봉한 〈센스 앤 센서빌리티〉는 아카데미 작품상 후보에도 노미네이트 되었다. 그렇지만 이안 감독을 미국 대중들에게 확연히 각인 시킨 작품은 역시 1999년의 〈와호장룡〉이었다. 아카데미에서 작품상, 감독상을 포함해서 무려 열 개 부문의 후보로 올랐고, 결국 네 개 부문을 수상했다. (촬영상, 외국어영화상 등) 또한 골든글로브시상식에서 감독상, 외국어영화상을 수상했으며 지금까지(2023년) 미국에서 최고 수익을 올린 외국어영화이다.

여기서 가장 충격적인 사실은 〈와호장룡〉이 외국영화, 즉 자막 영화라는 사실이다. 당시 영화를 보고 나와 미국 친구들과 함께 영화에 대해 끝없는 극찬을 했던 기억이 나는데 웬일인지 그때 한국 친구들은 나만큼 들떠있지 않았던 것 같다. 이유를 알아보니 나와 미국 관객에게는 거의 처음 보는 너무 아름답고 신비스러운 화면이었지만, 한국 친구들에게는 어렸을 때부터 흔히 봐온 무협영화였던 것이다. 그래서 외국자막 영화인데도 미국 관객의 호응을 받았던 것인지도 모른다.

따라서 2000년도 골든글로브시상식에 이안 감독이 감독상 부문 후보로 올랐을 때 놀랍지는 않았다. 놀라운 것은 수상을 했다는 사실이다. 당시에 전성기를 구가하던 미국감독 스티븐 소더버그도 두 편의 영화로 후보에 올랐고, 영화 〈글래디에터〉(2000)의 베테랑 감독 리들리 스콧도 있었다. 그들을 제치고 이안 감독이 수상했다는 것은 혁신적인 일이었다. 이후에도 이안 감독은 백 회 넘게 세계 유수의 영화제에서 상을 수상했고 마침내 〈브로크백 마운틴〉(2005)으로 아카데미 감독상까지 수상하기에 이르렀다. 이안 감독은 지금까지도 유일하게 아카데미, 골든글로브, 영국아카데미(BAFTA)에서 감독상을 수상한 아시아 감독이다. 2020년 봉준호 감독도 〈기생충〉으로 이 세 개의 시상식에서 감독상 후보에 오르긴 했지만 아카데미시상식에서만 감독상을 수상했다.

한국영화의 소개가 먼저

1995년 뉴욕에서는 한국영화에 대한 인지도가 거의 없는 듯했지만, 그래도 다행히 아시아영화에 대한 관심과 사랑은 높았다. 어찌 보면 한국영화를 모르는 것이 당연하기도 했다. 이때는 '한국'이라는 나라 자체의 인지도가 별로 높지 않았으니까. 사람들이 동양인을 보면 "Chinese? Japanese?" 이렇게 물어보고 아니라고 하면 그냥 관두던 그런 때였다. 그랬기에 한국영화를 알아주기를 기대하는 것 보다는 우리가 먼저 적극적으로 한국영화를 소개해야만 했다. 당시 뉴욕에서 영화를 공부하던 한국 학생들 사이에서는 다들 한국영화를 외국에 알리고자 하는 그런 막중한 임무(?) 비슷한 것이 있었다. 콜롬비아대, 뉴욕대, 스쿨 오브 비주얼 아트(SVA), 프랫 인스티튜트, 뉴스쿨 등, 영화 공부를 하는 학생이면 언젠가 단편을 찍기 마련이었고 한국 유학생 중 누가 단편 촬영이 있으면 학교와 상관없이 우르르 가서 도와주던 시절이었다. 이렇게 영화 공부하는 한국 유학생들이 뭉치다 보니 한국영화를 알리고 싶은 마

See the Face of Korean Film Today

Han Suk-Kyu
Film Collection

5.12 thru 5.15
Free

한석규

당시 한석규영화제 포스터 © Sungwoo KIM

Han Suk-Kyu Film Collection

"The Contact" Thursday, May 13, 1999 8pm
(1997. directed by Chang Yun Hyun, 104 mins., romance)

"Green Fish" Friday, May 14, 1999 8pm
(1997. directed by Lee Chang Dong, 111 mins., action)

"No. 3" Saturday, May 15, 1999 8pm
(1997. directed by Song Neung-Han, 108 mins., comedy)

FREE ADMISSION (seating is limited)

@ Jeollado 116 East 4th street (between 1st and 2nd Ave.)

Thanks to our kind sponsors:
Cheil Communications America, Jeollado, Koh Young Jun, Korea Exchange Bank, Marina Park

www.cshore.com/koreanfilmfestival

당시 한인 음식점에서 개최했던 한석규영화제 안내서 © Sungwoo KIM

음도 당연히 생겨났고 자연스럽게 한국영화의 홍보 대사 역할을 맡게 됐다. 1999년 뉴욕에서 열린 〈한석규영화제〉도 그렇게 나오게 된 것이다.

90년대 중반까지 국제영화제에 출품되는 한국영화는 〈씨받이〉(1986)나 〈서편제〉(1993) 같은 한국적 느낌이 물씬 풍기는 작품들이 대부분이었다. 그래서 외국에서 한국영화를 바라볼 때에는 이런 인상이었다. 그렇지만 내가 90년대 초 한국에서 대학에 다니면서 본 영화들은 〈장군의 아들〉(1990), 〈나의 사랑 나의 신부〉(1990), 〈결혼 이야기〉(1992), 〈그대 안의 블루〉(1992), 〈너에게 나를 보낸다〉(1994) 등 다양했다. 1999년 뉴욕에 모인 우리도 뭔가 새로운 한국영화를 뉴요커에게 소개하고 싶었다. 당시 한석규영화제의 주최자는 뉴욕에서 프로듀싱 공부를 하던 중 한국영화를 궁금해하는 미국 친구에게 한국영화를 보여주려고 했다. 그런데 영문 자막이 있는 비디오를 못 구해서 스스로 번역을 해서 집에서 직접 출력한 종이를 넘겨 가면서 영화를 보여주게 되었고 미국 친구가 한국영화를 즐겁게 보는 모습을 보면서 영화제를 해야겠다는 다짐을 했다고 한다.

이 영화제는 한석규 배우 주연 영화로, 3일에 걸쳐 〈접속〉(1997), 〈초록물고기〉(1997), 〈넘버 3〉(1997), 이렇게 세 편의 영화를 매일 저녁에 차례대로 상영했다. 관객이 많은 날에는 30-40명 정도가 참석했는데 모두 외국 관객이었다. 영화를 상영하기 전에 매번 미국 관객들에게 한국영화를 이전에 본 적이 있는지에 대해 물어봤는데 정말로 단 한 명도 없었다고 한다.

사실 한석규영화제가 개최된 음식점 '전라도'도 매우 특별한 곳이었다. 이

식당의 한국인 주인도 영화를 무척 사랑하는 분이어서 음식점 뒤에 스크리닝 룸까지 만들었다고 한다. 한석규영화제 이전에도 이미 뉴욕 인디영화 커뮤니티가 애용하는 장소였고 흔히 인디영화 프리미어 파티나 영화제 애프터 파티 등을 호스팅하던 그런 곳이었다. 이후에도 뉴욕에서 한국영화에 관한 행사가 있을 때면 언제나 장소는 전라도였다. 그때마다 사장님은 음식값만 받았고 장소 대여료는 받은 적이 없었다. 지금 생각해도 너무나 그립고 고마운 장소이다.

나에게는 아주 특별하고 소중한 전라도 스토리가 있다. 두 번째 단편영화를 찍고 배우와 스태프에게 고마운 마음에 전라도에서 스크리닝을 하기로 했다. 시간에 쫓겨 사운드 편집도 제대로 못 끝낸 채 죽고 싶은 마음이었지만 애써 스스로를 위로했다. '괜찮아, 그냥 친구들만 보는 건데 뭘….' 그런데 전라도에 도착을 하니까 사람이 너무 많았다. 알고 보니 뒤쪽 스크리닝 룸에서 소박한 스크리닝을 하려던 날에 식당 앞쪽에서는 어느 인디영화제의 행사가 있었다. 그 인파를 뚫고 스크리닝 룸으로 향하는데 누가 나를 잡아 세웠다. 전라도 사장님이었다. 옆에는 〈라스트 모히칸〉(1992)의 악역을 맡은 웨스 스투디 배우와 하얀 머리가 트레이드마크인 짐 자무쉬 감독이 서 있었다. 놀란 마음에 멍하게 서 있는데 전라도 사장이 "She's a director too."라고 하지 않던가…. 창피한 마음에 고개만 젓고 스크리닝 룸으로 피신했다. 겨우 정신을 차리고 내 단편 스크리닝을 시작하려고 하는데 문이 열리는 것이었다. 전라도 사장님이 그 두 명을 포로처럼 잡아서 들고오는 것이었다. 이렇게 나의 소박한 스크리닝에 세계적인 감독과 배우가 참석하게 됐다. 전라도였기 때문에 가능했던 일이다.

이렇게 뉴욕은 인디영화에 대한 열정이 넘쳤고, 이 열정이 한국영화에도 뻗치기 시작한 것 같았다. 거기에다가 한국영화를 적극적으로 소개하고 싶어 하는 사람도 많다 보니 90년대 후반으로 가면서 한국영화에 대한 시너지 효과가 일어난 듯하다. 뉴욕의 여러 영화제에서 한국영화는 꾸준히 초청 받았다. 처음에는 한국영화가 뉴욕 스크린에 걸리는 게 특별 이벤트였는데, 언제부턴가는 일상이 돼버렸다. 뉴욕 현대미술관(MOMA)에서 주최하는 뉴디렉터/뉴필름 시리즈를 통해 한국영화들이 본격적으로 소개되기 시작했던 것도 이 즈음이었다. 뉴디렉터/뉴필름 시리즈는 1972년부터 매년 뉴요커에게 신인 감독들의 영화를 소개해주는 프로그램인데 스파이크 리, 스티븐 스필버그, 왕가위 등 많은 유명 감독들의 초창기 영화들을 상영했다. 미국 신인 감독만 초청하는 것이 아니라 외국 신인 감독들도 초대한다는 점이 이 시리즈의 매력 포인트이다. 1985년 이두용 감독의 〈여인 잔혹사, 물레야 물레야〉를 필두로 박종원 감독의 〈우리들의 일그러진 영웅〉(1993), 임순례 감독의 〈세 친구〉(1997), 이명세 감독의 〈인정사정 볼 것 없다〉(1999)가 초대됐다. 90년대에 뉴욕에서 당시 인디영화가 붐이었던 만큼 뉴욕으로 초청되는 한국영화들도 점차 편수가 늘어나기 시작했고 영화의 느낌도 이전과는 달랐다.

〈인정사정 볼 것 없다〉와 서브웨이 시네마 친구들

2000년 봄에 MOMA에서 성공적인 스크리닝을 마친 후 〈인정사정 볼 것 없다〉가 2000년 12월에 미국에서 개봉을 하게 됐다. 배급사는 라이언스게이트. 뉴디렉터/뉴필름 시리즈를 통해서 뉴욕의 극장에 걸리긴 했지만 미국의 일반 극장 개봉은 차원이 다른 얘기였다. 제한적 개봉(limited release)이라도 한국영화가 미국에서 개봉한다는 것은 결코 작은 일은 아니었다. 당시 나는 이명세 감독의 'M스쿨' 멤버 중 하나였다. (M스쿨이란 이명세 감독이 뉴욕에서 작업하시는 동안 영화하는 한국 유학생들과 함께하는 일종의 자발적 모임이었다.) 개봉을 며칠 앞둔 어느 날 이명세 감독으로부터 연락을 받고 '서브웨이 시네마(Subway Cinema)'라는 단체와 미팅이 잡혀서 함께 만나러 갔었다.

서브웨이 시네마는 아마 2000년대 초반 뉴욕에서 한국영화를 소개하는 데 가장 큰 힘이 되어준 단체일 것이다. Paul Kazee, Grady Hendrix, Brian Naas, Nat Olsen, Goran Topalovic. 이 다섯 명의 창립 멤버들은 아시아영화를 사랑하는 마니아들이었다. 그들은 차이나타운의 마지막 중국 극장인 'The Music Palace'에서 주말마다 영화를 보다가 친해졌다고 한다. 그리고 2000년 이 극장이 문을 닫게 되던 날, 아시아영화를 사랑하는 모임인 '서브웨이 시네마'가 탄생했다고 한다.

사실 〈인정사정 볼 것 없다〉는 시사회 없이 바로 개봉하기로 되어 있었다. 배급사가 붙은 한국영화였는데 프리미어도 없이 개봉한다는 것을 서브웨이 시네마가 너무 안타깝게 생각해서 이명세 감독한테 직접 연락을 취했다. 서브웨이 시네마는 자신들이 시사회를 개최하면 어떻겠냐고 감독의 의사를 물었고, 그렇게 단 3일간의 짧은 준비 과정을 거쳐 시사회를 열었다. 나는 관객들로 가득 찬 첫 번째 시사회 날 이명세 감독 곁에서 통역을 담당했다. 우리 모두가 그렇게 기다리고 기다리던 한국영화의 미국 개봉이 코 앞에 다가왔기에 가슴이 심장 밖으로 튀어나올 듯 두근거렸다. 과연 미국의 관객은 영화에 어떻게 반응할지 궁금했다. 영화의 끝 부분에 이명세 감독과 나는 극장 뒤에 서서 조용히 숨죽이며 지켜봤다. 그때였다. 스크린 속 장동건 배우가 칼에 맞는 장면이었는데 갑자기 중간에 앉아있던 덩치 큰 남성 관객이 "Oh man!"하며 통로까지 굴러 나올 듯이 무릎을 치고 온 몸으로 탄성을 지르며 자신의 감정을 숨김없이 표현하는 것이었다. 문화를 떠나 미국 관객이 이 영화에 한국과 같이 반응하는 것이 너무 신기하기도 했고 고맙기도 했다. 영화가 끝나고 이명세 감독과 함께 GV를 진행했다. 그렇게 〈인정사정 볼 것 없다〉는 감독과 뉴욕 관객이 직접 만나는 특별한 미국 개봉을 하게 되었다.

서브웨이 시네마에서도 중국어가 아닌 영화를 상영한 것은 〈인정사정 볼 것 없다〉가 처음이었다. 하지만 이건 시작일 뿐이었다. 그 다음 해인, 2001년 8월 'When Korean Cinema Attacks'이라는 제목하에 뉴욕대와 콜롬비아대 한인 유학생 연합으로 구성된 '코리안 필름 포럼(Korean Film Forum)'과 함께 열흘 동안 11편의 한국영화를 소개하는 행사를 진행했다. 이제껏 외국에 소개된 한국영화가 주로 '아트영화'였다면 이번 행사의 목적은 당시에 한국에서 상영되고 있던 '대중영화'를 미국의 일반 관객들에게 소개하고자 한 것이었다. 그때 상영한 영화들이 〈텔 미 썸딩〉(1999), 〈반칙왕〉(2000), 〈미술관 옆 동물원〉(1998), 〈주유소 습격사건〉(1999), 〈섬〉(2000), 〈8월의 크리스마스〉(1998), 그리고 〈여고괴담 두 번째 이야기〉(1999)와 같은 영화들이었다. 〈섬〉의 프레스 스크리닝에서는 기자 한 명이 영화를 보던 중 기절하는 일이 있었다. 서브웨이 시네마는 이 해프닝을 적절히 홍보용으로 사용했고, 상영 전에 다음과 같은 경고 표지판을 세웠다고 한다. "See this at your own risk. (이 영화는 각오하

〈인정사정 볼 것 없다〉 특별 스크리닝, 뉴욕의 Anthology Film Archives 극장.
Courtesy of Subway Cinema.

When Korean Cinema Attacks 행사,
Anthology Film Archives 극장
Courtesy of Subway Cinema

고 보세요.)"이 행사에 한국에서 장윤현, 김지운 감독과 한국의 메이저 배급사, 영화사 관계자들이 직접 뉴욕으로 찾아와서 참석했다. 그때는 이렇게 작은 행사에 중요한 영화계 인사들이 많이 왔다고 생각했는데 지금 뒤돌아 보면 그때까지 뉴욕에서는 한국영화가 중심이 되는 행사가 거의 없었기에 더 주목받는 계기가 되었던 것 같다.

뉴욕에 사는 한국 사람들에게는 'When Korean Cinema Attacks' 행사는 그야말로 축제 그 자체였다. 뉴욕에서 영화를 공부하는 한국 학생들은 모두 자기 일처럼 생각하고 도움을 주었고 나는 이번 행사에서도 감독들의 통역을 맡았다. 〈반칙왕〉 GV때 재미있는 일이 있었다. 영화도 코믹한 만큼 김지운 감독도 위트가 넘쳐서 GV 내내 웃음이 가득했다. 그러다가 마지막 질문을 받았는데 꽤 난이도가 있는 매우 긴 질문이었다. 질문의 주인공은 놀랍게도 영화를 보러 온 도올 김용옥 선생님이었던 걸로 기억한다.

불과 몇 년 전만 해도 미국에서 한국영화를 보려면 한국에서 개봉한 지 몇 달이 지난 후에나 화질이 뻔한 VHS 복사본으로 볼 수밖에 없었는데 이제는 미국의 일반 극장 대형 스크린에서 제대로 영화를 볼 수 있다니…. 실로 놀랍고도 기쁜 일이었다. 그래서 영화제든 MOMA의 상영회든, 뉴욕 스크린에 한국영화가 걸릴 때마다 한국영화인들과 현지의 한국 커뮤니티는 한마음 한뜻으로 즐기며 하나로 뭉쳤고, 그렇게 뉴욕에서 한국영화는 계속 인지도를 쌓아갔다. 지금 생각해 보면 이때가 참 특별한 시기였다.

이후 서브웨이 시네마는 2002년 'New York Asian Film Festival(NYAFF)'

을 개최했다. 해마다 열리는 이 영화제는 2009년까지는 'Anthology Film Archives', 'The Imagin Asian', 'IFC센터', 'Japan Society'와 같은 소극장에서 진행하다가 2010년부터는 링컨센터에서 개최하게 됐다. 이후 2019년부터는 독립적으로 'The New York Asian Film Foundation'이 만들어지면서 현재에 이르고 있다.

서브웨이 시네마 친구들. 그들을 처음 만났던 20여 년 전 나는 그들에게서 한국영화에 대한 뜨거운 사랑을 느꼈고 그것은 지금도 변함이 없다. 2020년, 코로나바이러스로 인해 뉴욕 극장이 문을 닫았을 때도 2020년 7월 16일부터 26일까지 뉴욕 한국 문화원과 함께 'A League Of Its Own', 즉 한국 야구 영화 세 편의 무료 온라인 상영회를 개최했다.

코리안 필름 포럼은 2001년도 제1회를 서브웨이 시네마와 함께 'When Korean Cinema Attacks'를 공동 주최 한 후 2002년도부터는 단독 주최를 맡아서 이후 매년 'New York Korean Film Festival'을 진행했다. 하지만 코리안 필름 포럼은 한국 유학생들로 이루어진 단체이다보니 학업이 끝나고 뉴욕을 떠나는 경우가 많아서 2006년도부터는 'Korea Society'가 주최했고, 2017년도 11월에 열린 제15회 행사가 마지막이 되었다. 이처럼 많은 분들의 노력으로 한국영화가 이전보다 폭넓게 알려지게 되지 않았나 싶다. 물론 그 이면에는 나날이 발전해온 한국영화들이 있기에 가능했음이 자명하다.

그후 많지는 않지만 꾸준히 몇 편의 한국영화가 미국에서 개봉을 했다. 〈인정사정 볼 것 없다〉와 〈텔 미 썸딩〉을 이어서 2002년에는 〈고양이를 부탁해〉와 〈쉬리〉, 2003년에는 〈취화선〉이 개봉했다. 2004년에서 2006년 사이에는 〈오아시스〉, 〈스캔들 – 조선남녀상열지사〉, 〈장화, 홍련〉, 〈태극기 휘날리며〉, 〈봄 여름 가을 겨울 그리고 봄〉, 〈빈 집〉, 〈올드보이〉, 〈살인의 추억〉, 〈지구를 지켜라!〉, 〈친절한 금자씨〉, 〈여자는 남자의 미래다〉와 같이 다양한 장르의 영화 11편이 개봉했다. 박스오피스 스코어는 소박했지만 꾸준히 한국영화가 개봉했다는 것이 중요하다는 생각이 든다.

　처음 1995년에 뉴욕에 왔을 때에는 한국영화에 대한 인식이 좋지도 나쁘지도 않고 아예 없었다. 그러나 몇 년만에 한국영화에 대한 인식이 놀라울 정도로 올라갔다. 어쩌면 한국영화에 대한 관심은 늘 있었지만 그 동안 볼 기회가 없었던 것일지도 모른다. 그때의 작은 씨앗들이 뿌리를 내리고 힘차게 자라면서 25년 후, 2020년 아카데미시상식에서 자막 영화인 〈기생충〉이 4관왕을 차지하는 일이 일어났다고 생각한다. 그 세월이 짧다면 짧고 길다면 긴 시간이라 할 수 있지만 아예 한국영화 자체를 극장에서 볼 수 없었던 시절과 지금을 비교한다면 너무나 많은 변화가 일어났다. 그 엄청난 기적과도 같은 변화의 시작, 그 현장에 내가 한때 함께했다는 사실만으로도 너무 감사하다. 그리고 시작을 했으니 이제 더 높은 곳을 향해 달려갈 것이다! (Now that we've begun, we will be reaching for the stars!)

클래식〉, 〈국화꽃 향기〉, 〈지구를 지
려라〉, 〈질투는 나의 힘〉, 〈살인의 추
억〉, 〈장화, 홍련〉, 〈바람난 가족〉
봄, 여름 가을 겨울 그리고 봄〉, 〈스

**한국영화 르네상스
(2000년 초반 한국영화의 붐)**

003년에 개봉한 영화들이다. 지금
돌이켜보면 이 명작들이 모두 한 해
개봉했다는 사실이 믿기 어려울
정도로 놀라울 뿐이다.
봉준호, 박찬욱, 김지운, 임상수, 김
덕, 이재용 등 걸출한 감독들이 소
'웰메이드 영화'라는 수식어를 탄
생시키며 작품성과 상업성을 자유자
재로 구사했던 2003년은, 그야말로
한국영화의 르네상스 시절이었다
내가 본격적으로 영화 프로듀싱 일
을 하기 위해 17년 간의 미국생활을
접고 귀국했던 시기도 마침 2003년
이었다.

한국영화 르네상스
(2000년 초반 한국영화의 붐)

남종우

내 경력의 대부분은 한국영화의 해외 프로덕션이나 해외 시장을 공략하는 글로벌 프로젝트 프로듀싱이 차지한다. 2000년대 초반 곽경택 감독이 연출한 〈챔피언〉의 미국 프로듀서로 한국영화에 처음 타이틀을 올린 이후 이승무 감독의 〈워리어스 웨이〉, 김태용 감독의 〈만추〉, 그리고 봉준호 감독의 〈설국열차〉 등 주로 글로벌 프로젝트 위주로 프로듀싱 경력을 쌓아왔다. 현재는 드라마 〈사내맞선〉, 〈어게인 마이 라이프〉 등의 제작사로 잘 알려진 크로스픽쳐스에서 글로벌 프로젝트팀을 담당하며 지난 20여 년간의 다양한 해외 프로젝트 경험을 토대로 한국/일본 IP를 기반으로 한 글로벌 콘텐츠 제작 업무를 이어오고 있다. 위의 두 챕터에서 김창래 작가와 박미나 작가가 각각 이전까지 동양인의 미디어 속 이미지와 더불어 2000년 이전 한국영화의 세계영화산업 안에서의 포지셔닝에 대해 언급했다면 이제부터 나는 보다 개인적인 측면에서 한국영화를 이야기하려 한다. 미국에서 프로듀서 경력을 이어가기 위해 처음 한국에 왔던 2000년대 초반 한국영화는 그야말로 르네상스를 맞이하고 있었고, 오랜 외국 생활을 정리하고 한국으로 돌아온 내게는 모든 것이 신선하게 다가왔던 것 같다.

2002년, 한국영화 르네상스를 맞이하다

〈클래식〉, 〈국화꽃 향기〉, 〈지구를 지켜라〉, 〈질투는 나의 힘〉, 〈살인의 추억〉, 〈장화, 홍련〉, 〈바람난 가족〉, 〈봄, 여름 가을 겨울 그리고 봄〉, 〈스캔들〉, 〈올드보이〉, 〈실미도〉, 이 영화들의 공통점은 무엇일까? 모두 2003년에 개봉한 영화들이다. 지금 돌이켜보면 이 명작들이 모두 한 해에 개봉했다는 사실이 믿기 어려울 정도로 놀라울 뿐이다.

봉준호, 박찬욱, 김지운, 임상수, 김기덕, 이재용 등 걸출한 감독들이 소위 '웰메이드 영화'라는 수식어를 탄생시키며 작품성과 상업성을 자유자재로 구사했던 2003년은, 그야말로 한국영화의 르네상스 시절이었다. 내가 본격적으로 영화 프로듀싱 일을 하기 위해 17년 간의 미국생활을 접고 귀국했던 시기도 마침 2003년이었다. 9월경 한국으로 완전히 이주를 하기 전까지, 한국영화 현장을 둘러보고 싶었던 나는 당시 영화계 지인들의 도움으로 곽경택 감독의 〈똥개〉, 강제규 감독의 〈태극기 휘날리며〉, 안진우 감독의 〈동해물과 백두산이〉 촬영 현장을 수개월에 걸쳐 견학할 수 있었다. 뿐만 아니라 그 기간 동안 한국에서 시간을 보내며 위에 언급한 주옥 같은 영화들을 극장에서 관객으로서 만나볼 수 있었다. 2003년의 한국영화 제작 현장은 무언가 역동적인 에너지로 충만했고, 관객으로서 극장에 갈 때에도 언제나 관객의 긍정적인 활력을 느낄 수 있었다. 뉴욕 인디영화계에서 작업해온 내게는 한국영화 제작 현장의 역동과 열정이 진하고 깊은 인상을 남겼던 것 같다. 이후로도 20년 가까이 영화 제작 일을 하고 있지만 2003년의 그때 느꼈던 한국영화계에 대한 짙은 여운은, 아직도 내가 영화 일을 지속할 수 있는 자양분이며, 원동력이 되고 있다.

곽경택 감독의 〈똥개〉 현장을 가다

영화 〈챔피언〉에 미국 프로듀서로 참여한 계기로 곽경택 감독께 부탁을 드려 〈똥개〉의 촬영 현장을 견학할 수 있었다. 곽경택 감독은 영화 〈친구〉를 통해 우리에게 잘 알려진 감독이다. 당시 〈친구〉의 흥행 기록은 800만. 18세 등급과 당시 전국적인 통합 전산망이 완벽히 갖춰지지 않은 시기였음을 감안했을 때 지금으로 비교하면 거의 2,000만에 가까운 흥행이라고 볼 수 있다. 이러한 엄청난 흥행 이후 바로 이어진 〈챔피언〉은 다소 아쉬운 결과를 남겼기에, 곽경택 감독의 다음 작품인 〈똥개〉는 어떤 마음으로 만들고 계실까 무척 궁금했다. 한국에 돌아와 처음으로 방문한 곽경택 감독의 현장은 굉장히 차분하고 정돈된 느낌이었다. 그야말로 영화가 좋아 모여든 스태프들의 조용하고도 신중한 눈빛에서 뿜어져 나오는 열기로 가득했고, 그들의 얼굴에는 한 컷, 한 컷 오케이 사인이 날 때마다 마치 꿈을 현실로 찍어냈다는 듯 행복감이 가득해 보였다.

대도시와 달리 영화 제작 과정을 쉽게 보기 힘든 밀양에 정우성 배우가 '떴다'는 소식을 듣고 몰려든 중학생 친구들이 현장에서 제법 시끄러운 목소리를 내자, 그만큼 앳되어(?) 보이는 제작부원들은 학생들을 능숙히 통솔하며 현장의 적당한 긴장감을 유지했다. 컷, 오케이! 가 끊임없이 반복적으로 외쳐지면 미술팀 부원들은 그때마다 조용하지만 일사분란하게 미술 세팅을 바꾸었으며 그 사이 곽경택 감독과 촬영감독이 다음 컷을 준비하기 위해 열띤 토론을 벌이는 광경은 내가 꿈꿔왔던 한국영화제작 현장의 그 모습과 너무도 일치했다. 이 모든 광경이 나에게는, 뭔가 단순한 업무를 수행하고 있다는 느낌 보다는 어떤 한 작품을 함께 만들기 위해 진정 한 마음 한 뜻으로 모인 아티스트들이라는 느낌이 들었다.

곽경택 감독, 황기석 촬영감독 이 두사람의 인연은 1990년대 NYU 유학 시절로 거슬러 올라간다. 곽 감독의 졸업 작품이었던 〈영창이야기〉, 그리고 이후 〈억수탕〉, 〈친구〉, 〈똥개〉 촬영 현장에서 함께 해온 두 사람은 어떤 장면을 찍을 때는 오래된 친구처럼 다정다감하게 대화하다가도, 어떤 장면을 찍을 때는 마치 생전 처음 만난 사람들처럼 실랑이하면서 서로를 설득해가며 한 샷 한 샷을 찍어가는 모습을 보였다. 단지 감독과 촬영감독이라는 관계를 넘어선 오래된 파트너로서의 모습이었다.

그리고 영화 〈친구〉 때 한국에 현장 편집 시스템을 처음 들여온 박광일 편집기사도 변함없이 그 자리에 있었다. 〈똥개〉 현장에서는 현장편집기사로서 이 두 사람 옆에서 무엇 하나도 빠트리지 않으려고 찍는 컷들을 꼼꼼히 챙기는 모습은 정말 든든했다. 사실 이 세 사람은 내가 뉴욕에서 공부할 때 함께 동고동락했던 친구이자 동료, 선배이기도 하다. 그래서인지 나에게는 이들이 함께 한 작품으로 만나 작업하고 있는 현장이 더욱 남달랐던 것 같다.

곽경택 감독님, 황기석 촬영감독, 박광일 편집기사 (오른쪽부터)

숙소와 현장에서 촬영할 장면의 조명에 대해
상의하고 있는 황기석 촬영감독과 신경만 조명감독

2003년 내가 본 한국영화 현장은 그야말로 공동체 생활이었다. 같이 먹고 같은 숙소에서 잠들고 또 일어나면 같은 촬영버스 타고 나가서 영화를 찍고…. 영화 〈똥개〉는 그렇게 수십 명의 스태프가 하나의 공동체가 되어 수개월 동안 하나의 목표만을 향해 함께 만들고 있었다. 누구의 것이라 할 수 없을 정도로 감독부터 현장 PA까지, 모두가 하나의 작품을 만들어 나간다. 그렇게 만들어진 영화를 극장에서 관객과 함께 만나는 기쁨은 다시 다음 제작 현장으로 나가게 만드는 원동력이 된다. 영화 〈똥개〉 현장의 이러한 분위기에서 나오는 에너지와 영화를 끌고가는 어떤 힘이 나에게는 강렬한 인상을 남겼고, '앞으로 한국영화의 영향력이 많이 커지겠구나' 하는 생각도 조심스럽게 들었다. 앞서 언급한 〈살인의 추억〉, 〈올드보이〉, 〈지구를 지켜라〉와 같은 2003년 제작된 작품들은 아마도 대부분 이렇게 만들어져서 관객과 만났을 것이다. 영화 제작에 있어 촬영 현장 분위기가 좋으면 좋은 작품이 나온다는 말이 있다. 그때의 좋은 작품들은 열정이 가득했던 제작진들, 감독과 스태프들을 믿고 투자해 준 스튜디오들, 좋은 작품을 뚝심있게 기획하고 책임질 줄 알았던 프로듀서들이 있었기에 가능했던 것은 아닐까? 지금도 문득 다시 그 시절로 돌아갈 수만 있다면 좋겠다는 생각이 들곤 할 정도로 2003년은 그야말로 한국영화의 르네상스이자 황금기였다.

〈오로라 공주〉

영화 〈오로라 공주〉는 우리에게 배우로도 친숙한 방은진 감독의 데뷔작으로 엄정화 배우가 주연으로 참여했다. 할리우드는 영화배우가 감독으로 데뷔하는 경우가 종종 있지만 당시에 그런 일이 드물었던 한국에서 방은진 감독은 〈오로라 공주〉를 통해 배우 출신 감독으로 성공적인 데뷔전을 치렀다. 그리고 〈오로라 공주〉는 내가 오랜 미국생활을 마치고 귀국하여 처음으로 프로듀서로 입봉한(데뷔한) 영화이기도 하다. (업계에서는 처음으로 프로듀서를 맡을 때 '입봉'이라는 말을 쓴다.)

　수개월 동안 영화 현장 견학까지 해가며 야심차게 시작한 한국에서의 생활은 처음부터 계획대로 되진 않았다. 내가 처음 만난 작업 파트너는 영화〈챔피언〉을 통해 인연을 맺은 곽경택 감독이 소개해 준, 지금은 영화〈암수살인〉으로 잘 알려진 김태균 감독이었다. 곽경택 감독의 첫 장편영화 억수탕의 조감독이기도 했던 김태균 감독은 당시 영화사 진인사필름에서 데뷔작을 준비하고 있었고 나는 그가 연출할 작품의 프로듀서로 합류하게 되었다. 그러나 김감독과 수개월간의 준비 끝에 시나리오가 감독의 성향과 맞지 않다는 결론으로 결국 작업을 중단하게 되었다. 그러던 중에 나는 뉴욕에서 알고 지냈던 선배 제작자의 제의로 6명의 감독이 함께 만드는 옴니버스영화에 참여하게 되었고, 거기서 방은진 감독을 만나게 되었다. 하지만 준비하던 옴니버스영화도 투자 문제로 좌초하게 되었다. 그때의 인연으로 방은진 감독이 이스트필름에서 준비하던 장편영화 데뷔작에 프로듀서로 합류하게 되었다.

　〈오로라 공주〉는 앞서 언급했듯이 나에게는 프로듀서 입봉작이기도 했다. 그래서 그런지 여태까지 작업했던 어떤 작품들보다 애정이 가는 것 같다. 〈오로라 공주〉는 원래 방은진 감독이 영화〈박하사탕〉, 〈오아시스〉 등으로 유명한 이스트필름에서 준비하던 작품이 중단되면서 투자사인 시네마 서비스에서 다른 시나리오를 제안해 시작된 프로젝트였다. 함께 준비하던 작품이 잘

〈오로라 공주〉 현장에서 스탭과 배우들을 지휘하고 있는 방은진 감독님

촬영 마지막날 찍은 〈오로라 공주〉 스태프 단체 사진

안되면 감독에게 투자사에서 대신 다른 시나리오를 제안하는 경우는 지금은
보기 드문 '충무로적' 관행이었던 것 같다. 비즈니스보다는 관계로(신뢰와 의리
로) 많은 것을 풀어가던 당시 한국영화계의 분위기를 단적으로 설명해주는 예
가 아닐까? 아무튼 그렇게 단추가 끼워진 〈오로라 공주〉는 이후에도 십여 차
례 시나리오 수정을 거쳐 제작에 돌입하게 되었다. 그 과정에서 수많은 우여
곡절이 있었지만, 당시 기획자이자 투자자였던 강우석 감독님, 제작자였던 명
계남 대표님, 그리고 후배 방은진 감독을 아꼈던 이창동 감독님의 지원과 도
움을 통해 드디어 제작에 들어가게 되었다. 지금은 고인이 되신 이춘연 대표
님도 본인 작품이 아닌데도 불구하고 '초짜' 감독과 프로듀서를 응원하며 많
은 도움을 주셨다. 이 또한 나에게는 영화인들의 신뢰와 의리를 바탕으로 한
'충무로적' 사건이었다.

　한 편의 영화가 기획되어 투자가 성사되고 만들어져서 관객을 만날 때까지
많은 일들이 일어난다. 시간으로 계산하면 짧게는 2년에서 길게는 10년 가까
이 걸리기도 한다. 프로듀서로서, 기획부터 개봉까지 〈오로라 공주〉를 통해
처음 경험해보는 영화제작의 전 과정은 기꺼이 감사한 경험이었지만, 그만큼
힘든 자신과의 싸움이기도 했다. 중간에 포기하고 싶은 마음이 들었던 건 당
연하다. 물론 훨씬 더 마음고생을 많이 한 방은진 감독과 비교하면 아무것도
아니지만. 아무튼 그렇게 제작에 들어간 〈오로라 공주〉는 혼신을 다한 방은진
감독의 연출과 최영환 촬영감독의 역동적인 촬영을 필두로 너무나 훌륭한 배
우들, 스태프들과 함께 한 장면 한 장면을 함께 소중히 담아내기 시작했다. 그
렇게 나 역시 한국영화가 르네상스를 맞이하던 그 시기에 한 명의 스태프로
역할을 할 수 있다는 게 기뻤고, 지금 돌이켜봐도 그 사실이 뿌듯하고 자랑스

럽다.

이후로도 한동안 한국영화계는 신뢰와 의리를 바탕으로 한 뚝심과 선진화된 투자 배급 시스템이 만나 계속해서 좋은 작품들을 만들어갔다. 그리고 급격하게 금융 자본이 늘어나며 무분별하게 작품들이 만들어졌던 2000년대 중후반을 거쳐 한국영화 산업은 2007년 총 124편을 제작하며 제작 편수에 있어 정점을 찍고, 2008년 이후부터는 급격한 하향세를 맞게 되었다. 산업적인 관점에서 보면, 당시 2000년대 초반부터 이어져 온 한국영화의 르네상스로 2006년 금융자본이 대거 영화계로 몰리면서 충분히 준비가 되지 않은 신생 투자사들이 영화 투자에 뛰어 들었고, 그들을 믿고 작품을 준비하던 제작사들이 중도에 투자가 이루어지지 못해 작품이 중단되는 일들이 종종 있었다. 또한 일부 질적으로 완성도가 낮은 작품들에 소위 묻지마 투자가 이뤄지기도 하였고 이는 한국영화 전체의 퀄리티를 일시적으로 낮추는 결과로 이어졌다.

(2007년 한국영화 산업의 결산 자료에 따르면 그 해 개봉한 한국영화의 평균 수익은 -26억 원, 수익률은 -44.6%로 나타났으며, 112편 가운데 손익분기를 넘긴 작품은 13편 (11.6%)에 불과한 것으로 나타났다.)

한국영화는 20년에 가까운 암흑기를 지나 1988년 박광수 감독의 〈칠수와 만수〉를 기점으로 소위 '코리안 뉴 웨이브' 영화를 이후 이전까지와 완전히 다른 영화들을 만들어 시작했

막을

가 들어서면서 이제까지 표현의 자유에 있어 억눌려왔던 영화작가들의 등장이 있다.

1997년을 전후하여 어림잡아 열 명이상의 새로운 감독들이 한국영화계에 등장했는데 그들 중 일부는 코리안 뉴 웨이브 출신의 작가들이고 일부는 할리우드 문법을 계승한 상업영화 감독들이다. 2000년대 초반한국영화의 르네상스를 설명하기 위해서는 먼저 코리안 뉴 웨이브 감독들에 대한 설명이 선행되어야 할 듯하다. 그리고 이를 위해서는 20년으로 거슬러 올라가 80년대 한국영화 사업에 대한 이해가 어느 정도필요하다.

코리안 뉴 웨이브

김창래

2000년 초반, 새로운 감독들의 등장

한국영화는 20년에 가까운 암흑기를 지나 1988년 박광수 감독의 〈칠수와 만수〉를 기점으로 소위 '코리안 뉴 웨이브' 영화들의 등장 이후, 그 이전까지와는 완전히 다른 영화들을 만들어내기 시작했다. 그 이면에는 군사정권이 막을 내리고 새로운 민주주의 정부가 들어서면서 이제까지 표현의 자유에 있어 억눌려왔던 영화작가들의 등장이 있다.

　1997년을 전후하여 어림잡아 열 명 이상의 새로운 감독들이 한국영화계에 등장했는데 그들 중 일부는 코리안 뉴 웨이브 출신의 작가들이고 일부는 할리우드 문법을 계승한 상업영화 감독들이다. 2000년대 초반 한국영화의 르네상스를 설명하기 위해서는 먼저 코리안 뉴 웨이브 감독들에 대한 설명이 선행되어야 할 듯하다. 그리고 이를 위해서는 20년 전으로 거슬러 올라가

80년대 한국영화 산업에 대한 이해가 어느 정도 필요하다.

1980년대 한국영화

　한국영화산업에서 80년대는 여러 가지 복합적인 생각을 들게 하는 시기이다. 그 당시 사람들은 한국영화를 '방화'라고 불렀다. 방화란 말은 간단히 말해서 자국영화라는 뜻인데 그 안에는 어느 정도 폄하의 뜻이 포함되어 있다. 왜냐하면 1980년대 한국영화는 대부분 싸구려 코미디거나 조악한 액션영화가 대부분이었기 때문에 한국영화는 돈 내고 볼 만한 퀄리티가 아닌 그저 비디오로 보면 될 정도의 영화라는 인식이 강했던 시기였다. 반면 극장에서 관객들이 주로 찾는 영화는 할리우드영화거나 일부 유럽영화들이었다. 80년대를 살아온 사람들에게 그 당시를 떠올리면 어떤 영화가 생각나는지 묻는다면 단언컨대 대부분 〈E.T.〉, 〈터미네이터〉, 〈다이 하드〉, 〈아마데우스〉와 같은 할리우드 명작들이 생각난다 말할 것이다. 그 당시 영화 티켓의 가격이 대략 2,500원($2달러) 정도였는데 관객들에게는 두 가지 선택지가 있었다. 조악한 한국 액션영화냐? 아니면 〈다이 하드〉냐? 싸구려 하이틴 코미디 영화냐? 아니면 〈E.T.〉를 볼 것인가? 그 질문에 대한 답은 너무나 뻔한 것이었다.

　사실 1980년대 중반까지 한국영화는 세계영화 시장에서도 그 영향력을 거의 찾아보기 힘들었던 것으로 기억한다. 가끔 영화제에서 만난 한국영화에 관심 있다는 외국인 친구들에게 〈올드보이〉를 봤냐고 물어보면 대부분이 봤다고 말한다. 하지만 그 다음 질문으로 혹시 1980년대 한국영화에 대해서 알고 있는 작품이 있는가 하는 질문을 했을 때 단 한 편이라도 봤다고 말하는 사람을 만나기는 정말이지 쉽지가 않다. 이건 현재 한국에서 살고 있는 한국 사람들도 마찬가지이다. 대부분의 학생들이나 젊은이들은 2000년 이후의 한국 영화에 대해서는 잘 알고 있지만 80년대 한국영화에 대해서는 그리 잘 알고 있지 못하다.

1980년 이전 한국영화를 대략적인 카테고리로 나눠보자면 다음과 같다.

－반공 영화

－조악한 액션

－유치한 코미디

－심하게 검열된 드라마

대략 이 정도로 나눌 수 있지 않을까 생각한다. 이렇게 말하고 나니까 1980년대 이전 한국영화는 정말이지 가치가 없는 영화들이 대부분인 듯 들릴 수도 있다. 하지만 오해 없기 바란다. 분명히 말하건대, (앞서도 말했듯이) 1980년대 이전 한국영화들 중에서도 세계적으로 주목할 작품들이 너무나 많다. 1960년대-1970년대 한국영화 작가들 중에는 〈오발탄〉을 만든 유현목, 〈삼포 가는 길〉과 〈만추〉의 감독 이만희, 〈사랑방 손님과 어머니〉, 〈로맨스 빠빠〉를 만든 신상옥, 〈피막〉의 이두용, 그리고 봉준호 감독이 〈기생충〉을 만들 때 많은 영감을 받은 〈하녀〉의 김기영 감독과 같이 시대와 세대를 뛰어 넘는 훌륭한 감독들이 분명 1960년대-1970년대 한국영화계에는 존재한다.

또한 분명 1960년대-1970년대는 제작 편수만 놓고 봤을 때 한국영화 산업의 전성기라 부를 만하다. 하지만 대다수의 평론가와 많은 영화 관계자는 1960년대와 70년대를 한국영화사의 암흑기라 부른다. 그 이유는 그 시기 한국 사회가 두 명의 독재자에게 무려 26년간이나 지배당하고 있었으며, 군사

정권의 혹독한 검열로 인해 제대로 만든 의미 있는 영화를 제작할 수 있는 환경이 조성되지 못했기 때문이다.

1961년 군사 쿠데타로 정권을 쟁취한 박정희는 이후 무려 18년 동안 한국 사회를 자신의 군사정권 아래 두었으며, 1979년 중앙정보부장 김재규의 암살로 박정희 대통령이 살해당한 이후에는 또 다른 군사정권인 전두환의 독재 아래 한국은 8년이라는 암흑의 시간을 더 견뎌내야만 했다.

한국 에로영화의 붐(boom)

앞서 말한 바와 같이 가뭄에 콩 나듯이 〈바람불어 좋은 날〉이나 〈꼬방동네 사람들〉과 같은 수작이 극장에 걸리기는 했지만, 그때까지 극장에 간다는 것은 성룡의 액션영화나 할리우드 대작을 보기 위해서였다. 그러던 80년대 초 어느 날, 좀 더 정확히 얘기하자면 1982년 2월 이후, 범작 수준의 영화만 기대하던 당시의 한국 관객들에게 어느 순간부터 이른바 야한 영화들이 극장에 걸리기 시작했다. 야한 영화들 중에서도 이후 거의 전설이 되다시피 한 에로영화의 제목은 바로 〈애마 부인〉이다.

영화 〈애마 부인〉은 무려 11편의 후속작품을 양산해 한국영화 중 가장 긴 시리즈를 가지고 있는 영화이기도 하다. 사실 〈애마 부인〉은 지금 보면 야하다고 말하기도 어려울 정도의 영화였지만 그 당시에 그러한 에로영화를 처음 스크린에서 보게 된 관객에게는 말 그대로 충격 그 자체였다. 바야흐로 대한민국은 영화 역사상 초유의 에로영화 전성시대를 맞이하게 된 것이다. 이 모든 변화의 시작은 1961년부터 1982년까지 무려 21년간 지속된 통행금지가 해제되며 마법처럼 시작되었다. 뿐만 아니라 〈애마 부인〉과 함께 찾아온 사회적 변화는 크게 세 가지가 더 있었다.

첫 번째는 1982년 한국에서 프로 야구가 생겨난 것이다. 현재 대한민국에서 야구의 인기는 실로 어마어마하다. 이러한 프로 야구의 시작은 1982년 3월 전두환 정권 아래서 출범되었다. 두 번째는 한국에 갑자기 이전에 보지 못했던 유명 상품들이 여기저기 생겨나기 시작했던 것이다. (맥도날드가 한국에 들어온 게 1988년도이고, 나이키가 한국에 처음 들어온 것도 80년대이다.) 그 당시 일반 사람들이 사서 신는 신발의 가격이 대략 3천원이었던 것에 반해 처음 나이키가 한국에 들어왔을 때 가격은 3만원 이상이었다. 그 당시 나이키는 한마디로 부의 상징이었다. 나이키를 신고 학교에 가면 요즘말로 '인싸'로 등극함은 물론이거니와 패션 리더로 아이들에게 인기 짱으로 인정받곤 했다. (이에 대한 에피소드는 봉준호 감독의 〈살인의 추억〉을 보면 나이스(NICE) 신발 에피소드에서 찾아볼 수 있다. 영화에서 박두만 형사는 백광호를 취조하는 과정에서 구타한 게 미안해 그에게 당시 유행하는 신발이라며 나이키를 선물로 건넨다. 하지만 백광호가 신발 상자를 풀어보면 그 안에 들어있는 신발은 나이키가 아니라, NICE다.)

이러한 시대의 변화 속에 홍수처럼 그 당시 극장에 쏟아지기 시작했던 (소위 말해) 야한 영화들의 리스트를 몇 개만 열거해 보자면,

1. 〈애마 부인(The Ae-ma Woman)〉(1982)
2. 〈산딸기(Mountain Strawberries)〉(1982)
3. 〈앵무새 몸으로 울었다(Parrot Cries with its Body)〉(1981)
4. 〈여자는 안개처럼 속삭인다(Mist Whispers Like Women)〉(1982)

5. 〈무릎과 무릎 사이(Between The Knees)〉(1984)

6. 〈뽕(Mulberry)〉(1986)

7. 〈씨받이(The Surrogate Womb)〉(1986)

8. 〈어우동(Eoh Wu-dong)〉(1985)

9. 〈여인잔혹사 물레야 물레야(Spinning the Tales of Cruelty Towards Women)〉
   (1984)

리스트는 이 외에도 무수히 많다.

이 영화들의 스토리를 가만히 살펴보자면, 무언가 성적 불만에 가득 찬 여인이 자신의 성욕을 해결해 줄 남자를 만나 일탈한다는 내용이 대부분이다. 사실 이러한 핑크무비에서 스토리를 따지는 건 큰 의미가 없다. 당시 야한 영화들에서 스토리는 결국 노출을 위한 구실에 불과했기 때문이다. 이렇듯 당시에 거의 밀물처럼 쏟아져 나온 에로영화들은 사실 전두환 정권의 유화정책에 의해서였다. 전두환 군사 정부는 1980년 광주항쟁을 계엄군으로 진압한 후 시민들의 반발을 다양한 형태의 문화행사와 영화에 대한 규제를 풀어주는 것으로 달래려고 했다. 그 대표적인 예시로 '국풍 81'이라는 대규모 문화행사가 있었는데 이는 국민들의 관심을 정치가 아닌 다른 곳으로 돌리려는 일종의 어용 행사였다. 이러한 우민화 정책의 하이라이트는 '3S 정책'이었다. 이제껏 채찍만 사용하던 군 정부는 처음으로 대중에게 당근을 선사함으로써 국민들의 관심을 정치가 아닌 다른 곳으로 돌리려 한 것이다. 사실 이러한 문화를 이용한 우민화 정책은 비단 전두환뿐만 아니라 스탈린과 히틀러를 비롯한 수많은 독재자들이 즐겨 쓰는 수단이었다.

박정희 대통령이 중앙정보부장 김재규의 총탄에 서거한 직후 전두환 정권이 처음 권력을 장악했을 때 가장 먼저 취했던 정책이 바로 언론 통폐합이었다. 그리고 곧바로 이어진 참담한 사건이 바로 광주 항쟁이다. 그리고 이처럼 무자비한 군사정권의 만행을 덮기 위한 수단이 바로 전두환 정권의 3S 정책이었다. 3S 정책은 섹스, 스크린, 스포츠이다. 이처럼 섹스와 스크린(영화), 그리고 스포츠에 대한 국민들의 갈증을 해소함으로써 군사 정부는 국민들의 정치에 대한 관심을 어느 정도 누그러뜨리는 데 성공한다. 그 당시에는 유명 감독들조차 어쩔 수 없이 에로영화를 만들었는데 그중에는 80년대 초반 코리안 뉴 웨이브의 시조로 알려진 〈바람 불어 좋은날〉의 이장호 감독과 같은 명감독도 포함된다. 이장호 감독은 1984년에 에로영화 〈무릎과 무릎 사이〉를 연출했다. 이처럼 1980년대 초반 한국영화계는 작가주의를 이끌었던 감독조차 원하든 원하지 않든 영화를 계속 하려면 에로영화를 만들어야 했던 가슴 아픈 시절의 연속이었다.

시간이 지남에 따라 이러한 1980년대 에로영화들에 대한 평가는 조금씩 달라지기 시작했다. 일부 한국의 평론가들은 80년대 에로영화들 중에서 몇몇 작품들은 그 당시까지 가부장제 안에서 단지 수동적으로만 비춰졌던 여성상을 (아주 조금이나마) 능동적인 캐릭터로 묘사했다는 점에서 그나마 위안을 찾기도 했다. 그리고 이러한 에로영화의 붐은 1987년 민주화 항쟁 이후 격변하는 사회의 변화 속에 점차 사그라지기 시작했다.

90년대 후반 등장한 새로운 감독들

80년 말에서 90년대로 이어지는 시기는 아시아영화계에 있어서도 대단히 중요한 시기로 인식된다. 장이모우, 천카이거 감독을 중심으로 한 중국 5세대 영화들이 국제 시장에서 센세이션에 가까운 두각을 나타낸 시기이기도 하며 대만에서는 허우 샤오시엔과 에드워드 양을 필두로 급변하는 대만 사회의 어두운 단면을 그려낸 대만 뉴 웨이브, 여기에 1997년 홍콩의 중화 인민공화국으로의 반환을 앞두고 당시의 불안한 정세를 스크린에 담아낸 일련의 홍콩 뉴 웨이브 영화들까지. 한 마디로 아시아영화계는 들끓는 용암처럼 엄청난 폭발을 앞두고 있었다. 여기에 한국영화 역시 1996년 부산국제영화제를 필두로 코리안 뉴 웨이브라는 용어를 전면에 내세워 한국영화를 알리기 시작했다. (사실 국제영화계에서 홍콩이나 대만 뉴 웨이브에 비해 상대적으로 그 정의가 모호한 것이 코리안 뉴 웨이브의 현실이다.) 어찌됐든 26년간의 군사 독재 정권이 막을 내리고 정부의 영화에 대한 지나친 규제가 느슨해진 이즈음 한국영화는 폭발적인 성장기를 맞이한다. 여기에는 삼성 영상 사업단으로 대변되는 대기업의 한국영화산업 진출이라는 하나의 커다란 축이 있고, 다른 한편에는 새로운 거장 감독들의 출현이라는 또 하나의 축이 맞물린다.

많은 국제 관객은 2000년 초반을 한국영화의 뉴 웨이브(New Wave)로 생각할 수 있다. 이 시기 〈살인의 추억〉, 〈올드보이〉, 〈지구를 지켜라〉, 〈장화, 홍련〉과 같은 작품이 등장했기 때문에. 하지만 개인적으로 이는 90년 초반 진행된 새로운 한국영화의 흐름(Korean New Wave) 이후 2차 폭발이며, 그 전에 주목해야 할 감독들은 90년대 후반, 굳이 그 시기를 규정하자면 대략적으로 1997년을 기점으로 등장했다고 본다.

1997년을 전후하여 등장한 한국 감독들의 작품을 열거해 보자면, 이창동 감독의 데뷔작인 〈초록 물고기〉(1997), 역시 임상수 감독의 데뷔작 〈처녀들의 저녁식사〉(1998), 그리고 홍상수 감독의 〈돼지가 우물에 빠진 날〉(1996), 박찬욱 감독의 두 번째 영화 〈삼인조〉(1997), 김기덕 감독의 〈악어〉(1996), 강제규 감독의 〈은행나무 침대〉(1996), 허진호 감독의 전설적인 데뷔작 〈8월의 크리스마스〉(1998), 그리고 이후 〈친구〉로 800만 흥행 신화를 기록한 곽경택 감독의 데뷔작 〈억수탕〉(1997)이 모두 97년을 기점으로 한국영화계에 앞다투어 등장했다. 물론 이들 모두를 하나의 일관된 주제의식이나 스타일로 규정지을 수는 없다. 오히려 그렇기에 90년대 말 코리안 뉴 웨이브 이후 등장한 새로운 한국 감독들의 등장은 이후 봉준호, 장준환, 최동훈, 김용화 감독 등과 같이 2000년 초반 한국영화의 새로운 지평을 연 감독들과 함께 높이 평가되어야 한다. 그리고 바로 이 시기가 한국영화, 외국 관객에게는 코리안 시네마가 마치 80년대 말 중국영화가 그러했듯 세계 시장의 관객에게 알려지기 시작한 시기이기도 하다.

0년대 말부터 한국영화가 르네상
스를 맞이하고 있던 당시, 뉴욕에서
도 한국영화를 환영하는 분위기가
훨씬 풍겼다. 타이밍이 좋았던 건 같

다. 이렇게

우리는
하나의 언어를 사용한다

이 커지자

책들의 수도 늘어갔다. 90년대 말
8월의 크리스마스〉, 〈쉬리〉, 〈박하
사탕〉과 같은 명작들이 속속 제작되
며 드디어 세계 시장에도 그 진가가
알려지고 국제영화제에서도 더 많은
주목을 받기 시작했다. 이제는 한국
영화가 가뭄에 콩 나듯이 국제영화
제에서 좋은 성과를 거두는 것이 아
니라 꾸준히 좋은 성과를 거두면서
보다 많은 한국 감독이 국제무대에
알려지기 시작됐다. 그러다 보니 한
국영화의 자막이 중요해졌다.

우리는 하나의 언어를 사용한다

박미나

90년대 말부터 한국영화가 르네상스를 맞이하고 있던 당시, 뉴욕에서도 한국영화를 환영하는 분위기가 물씬 풍겼다. 타이밍이 좋았던 것 같다. 이렇게 한국영화에 대한 관심이 커지자 한국영화를 보는 외국 관객들의 수도 늘어갔다. 90년대 말 〈8월의 크리스마스〉, 〈쉬리〉, 〈박하사탕〉과 같은 명작들이 속속 제작되며 드디어 세계 시장에도 그 진가가 알려지고 국제영화제에서도 더 많은 주목을 받기 시작했다. 이제는 한국영화가 가뭄에 콩 나듯이 국제영화제에서 좋은 성과를 거두는 것이 아니라 꾸준히 좋은 성과를 거두면서 보다 많은 한국 감독이 국제무대에 알려지기 시작됐다. 그러다 보니 한국영화의 자막이 중요해졌다.

아무리 영화가 좋아도 자막이 엉망이면 그 영화가 빛을 보기 어려운데 당시에는 자막이 있는 한국영화를 찾아보기도 어려웠지만 자막이 있다 하더라도 그 수준이 매우 아쉬웠다. 나는 세기말인 1999년 무렵부터 지인의 부탁을 받고 자막 작업을 하거나 영화제에서 한국 감독들의 통역 일을 자주 맡았다. 이런 일을 하면서 자연스럽게 한국영화의 자막에 큰 관심을 가지게 되었는데, 내 눈에는 당시 자막의 퀄리티가 한없이 부족해 보였다. 통역은 내가 열심히 준비를 하면 됐지만 자막은 어떻게 개선할 길이 없었다. 그러던 어느 날 비슷한 일을 하는 친구들과 술자리에서 한국영화를 극장에서 자주 볼 수 있어 너무 좋기는 한데 자막이 아쉽다는 이야기를 꺼냈는데 친구들 역시 비슷한 불만을 가지고 있었다. 그러던 중 경영을 하는 한 친구의 남편이 아예 자막을 작업해주는 회사를 우리가 차리면 어떻겠냐고 제의를 했고 그렇게 그 자리에서 친구 네 명이 회사를 만든 셈이다. 사실 그때까지만 해도 내 본업은 영화 제작이었기에 번역 작업은 어디까지나 사이드 잡이라 생각했지만 2000년 가을 한국에 방문해 몇몇 영화 제작자들에게 우리의 취지를 설명했는데 반응이 벅찰 정도로 좋았다.

우리는 잘 몰랐지만 당시 한국영화 산업은 폭발적으로 성장하고 있었고 1999년 〈쉬리〉의 개봉 이후로 전성기를 맞이하고 있었다. 2000년 가을, 우리가 소박하게 번역 회사를 차렸을 때 한국 배급사들도 한국영화를 단지 영화제에 출품만 하는 것이 아니라 국제 필름 마켓에서의 판매를 염두에 두고 적극적으로 세일즈 하던 시기였다. 당시 한국영화는 국제 시장에서 소위 말해 제대로 '팔리기' 시작했고, 제대로 된 자막 작업이 필요한 때가 도래했다. 우리 회사는 곧바로 한국에서 가장 큰 제작사이자 배급사 중 하나인 시네마 서비스와 계약을 하게 됐다. 규모가 큰 영화사답게 한 번에 여섯 편의 영화 자막을 우리에게 맡겼고, 우리 네 사람은 두 명씩 두 개의 팀을 이뤄서 열심히 한국영화 자막을 번역했다. 그리고 번역의 결과가 좋게 나오자 한 달도 채 안 되어 한국의 모든 유명 배급사로부터 연락이 왔다.

　다시 생각해 보면 우리의 실력이 좋았다기 보다는 자막 번역이 너무나 필요했던 시기에 우리가 운 좋게 비즈니스를 시작한 것이었다. 우리 입장에서는 태평양 건너 한국의 제작사로부터 연락이 물밀듯이 밀려오니까 당황할 수밖에 없었고, 세 달도 채 안돼 우리는 중요한 결정을 할 수밖에 없었다. 회사를 접기로. 밀려오는 주문에 비해 우리가 소화할 수 있는 양은 턱없이 부족했다. 아무리 작은 4명의 회사라 해도 층위(tier)가 없는 구조로 일을 하면 운영이 안됐다. (룸메이트인 경영학과 친구에게 배운 기본 경영 운영 법칙) 말하자면 너무 성공해서 회사를 접게 된 셈이었다. 그렇지만 자막 번역은 계속 하고 싶었다. 따져보면 그것이 주 목표였고. 얼떨결에 회사까지 차리게 되었고, 원하던 대로 한국 배급사에 제대로 인사를 하게 됐으니 이것보다 더 좋은 기회가 어디에 있을까. 결국은 파트너 한 명과 번역 팀을 이뤄서 프리랜서로 번역 작업을 1년 넘게 지속했다. 뭔가 익숙하면서도 낯선 한국영화들…. 미국에서 유년 시절을 보낸 나에게는 2000년 초반의 한국영화들이 매우 신선하게 느껴졌다. 어찌보면 나중에 전 세계 글로벌 한국영화 팬들이 느낄 감정들을 나는 운 좋게 먼저 경험한 것이 아닌가 싶다.

　한국영화는 90년대 초반 삼성 영상 사업단이 투자한 〈결혼 이야기〉를 필두로 확연히 그 만듦새가 달라지고 있었다. 그러한 한국영화의 개선된 체질이 결정적으로 외부로 드러난 작품은 아마도 강제규 감독이 연출한 1999년의 영화 〈쉬리〉일 것이다. 한국영화는 〈쉬리〉를 계기로 국내에서도 해외 영화와 견줄 수 있는 경쟁력이 생기고 나아가 아시아 시장을 점령하기 시작하였다.

이제 한국영화는 소위 말해 한국형 블록버스터 〈쉬리〉가 아니더라도 그 스케일이나 개별 작품의 수준이 전체적으로 향상된 느낌이있다. 이때 나온 한국영화들은 내가 90년 초에 극장에서 본 '방화' 느낌의 영화가 아니었다. 〈쉬리〉가 개봉한 1999년, 국내 극장가는 〈노팅 힐〉, 〈식스 센스〉, 〈매트릭스〉와 같이 하나같이 만만치 않은 할리우드영화들이 개봉했지만 동시에 한국영화 역시 〈인정사정 볼 것 없다〉, 〈쉬리〉, 〈주유소 습격사건〉, 〈해피 엔드〉, 〈텔미썸딩〉 등 할리우드영화들과 한번 '붙어볼 만한' 작품들이 걸렸다. 앞서 잠시 언급했듯이 2000년 초, 이안 감독의 〈와호장룡〉을 보며 경외감을 느꼈지만 같은 해 〈공동경비구역 JSA〉, 〈플란다스의 개〉, 〈동감〉, 〈시월애〉와 같은 다양하고 완성도 높은 한국영화들을 보면서도 감탄이 그치지 않았다. 〈엽기적인 그녀〉, 〈친구〉, 〈실미도〉, 〈태극기 휘날리며〉, 〈살인의 추억〉, 〈박하사탕〉 등 이때 본 한국영화 중 재미없는 작품은 없었던 것 같다.

〈쉬리〉, 뉴욕 개봉

〈쉬리〉는 분명 한국 대중영화 역사에서 기념비적인 영화임에 틀림없다. 하지만 〈쉬리〉가 해외에서도 좋은 성과를 얻었을까? 아니다, 오히려 반대였다. 물론 2002년 1월 23일, 〈쉬리〉의 미국 개봉을 앞두고 뉴욕에서 프리미어 스크리닝을 했을 때는 큰 관심 속에 분위기가 좋았다. 이미 스페셜 에디션 DVD까지 시중에 돌고 있었음에도 특별 스크리닝은 만석이었고 상영 후 강제규 감독과 함께한 GV에서도 〈쉬리〉에 대한 반응은 뜨거웠다. (이 행사도 서브웨이 시네마가 주최했다.) 하지만 거기까지였다. 〈쉬리〉는 그야말로 수많은 액션영화들

중 한 편이었다. 게다가 영어가 아닌 자막 영화였다. 미국에서 자막 영화를 즐겨 보는 관객은 블록버스터보다는 아트영화를 선호했고, 블록버스터를 보러 극장에 가는 미국 관객에게 〈쉬리〉는 기대에 어긋나는 영화 같았다.

오히려 미국과 유럽 관객이 기대하고 있는 한국영화는 아직도 〈아제 아제 바라아제〉(1989)나 〈봄, 여름, 가을, 겨울, 그리고 봄〉(2003) 같은 영화였다. 당시 해외에서는 이미 임권택 감독의 칸 감독상 수상에 이어서 김기덕 감독, 홍상수 감독의 영화들에 매료된 관객들이 제법 있었고 꾸준히 한국 예술영화 감독들의 작품이 국제영화제에서 수상을 하면서 이들의 컬트적인 팬까지 생겨났다. 한 번은 뉴욕영화제에서 홍상수 감독의 프레스 스크리닝 때 일이었다. 영화 상영 후 영화제 관계자들이 GV를 준비하는데 기자 여러 명이 자기네의 녹음기를 식탁 앞 무대에 올려 놓는 것이었다. 당시 홍상수 감독의 통역은 처음이어서 그 이유는 몰랐지만 금방 알게 됐다. 홍상수 감독은 통역이 필요 없을 정도로 영어 실력이 좋았다. 대신에 말씀하는 스타일이 매우 조용조용해서 마이크를 사용해도 귀를 기울여야 들렸다. 그리고 이미 외국 기자들이 그것을 알고 있었다. 나는 내심 조금 놀라웠다. 그 무렵 프랑스에서는 홍상수 감독에 대해서 심지어 "Why, he's French."라고 하면서 그의 영화를 자국영화처럼 사랑해 주었다. 2005년 시네마테크 프랑세즈 샤요궁에서 "50편으로 만난 한국영화 50년"이라는 대규모의 한국영화 회고전이 열렸다. 물론 그 중심에는 단연 홍상수 감독이 있었고 2023년 2월 파리에서는 시네마테크 프랑세즈 주최로 단독 회고전이 열리기도 했다.

비슷한 시기에 김기덕 감독은 〈섬〉, 〈사마리아〉, 〈빈 집〉, 〈아리랑〉, 〈피에타〉 등으로 세계 4대 영화제에서 수상했고 특히 〈봄, 여름, 가을, 겨울, 그리고

봄〉의 경우에는 흥행과 비평에서 상당히 높은 평가를 이끌어냈는데, 예술영
화임에도 불구하고 북미에서 무려 240만 달러에 가까운 흥행 수익을 기록했
다. (당시 한국영화 최고 기록) 게다가 미국을 대표하는 평론가 로저 에버트의 『위
대한 영화』라는 책에 유일하게 포함되는 한국영화였다. 그 시기는 한국영화
자체의 팬뿐만 아니라 이렇게 특정한 한국 감독들이 보다 폭넓은 팬덤들을
확보해 나가기 시작하는 무렵이었다.

〈인정사정 볼 것 없다〉

〈인정사정 볼 것 없다〉 미국 개봉 당시 스크리닝에서 크게 느낀 점이 있었
다. 나는 영화를 하는 사람이어서 내 주위 사람들도 주로 영화와 관련되어 있
었다. 그만큼 영화에 대한 열기와 관심이 높았기 때문에 그들이 외국영화에
대해서 관심을 보이는 것이 자연스럽게 느껴졌다. 펠리니나 자크 타티를 논하
는 것이 스필버그에 대해서 얘기하는 것만큼 일상적이었다. 또 뉴욕에 사는
혜택이 다양한 영화제를 찾아 다니면서 영화를 볼 수 있는 것이었고, 각종 영
화제에서 통역을 하면서 '영화제 관객'에 대한 이미지도 나름 생겼다. 물론 영
화제마다 특색이 있듯이 영화제마다 관객의 특색이 있지만 그래도 공통적으
로 영화에 대한 관심과 열정이 있고 일반 관객보다는 자막 영화에 대한 반감
이 덜하다고 생각했다.

그렇지만 〈인정사정 볼 것 없다〉 스크리닝은 달랐다. 한국영화이기 하지
만 장르가 액션·스릴러여서 극장 분위기도 영화제 분위기 보다는 주말에 신
나는 영화 한 편 보러 나온 그런 느낌이었다. 어두운 극장 안에서 〈인정사정

볼 것 없다〉를 보는 관객들은 뉴요커들이었지만 반응은 한국 관객과 같았다. 오래 전 일이긴 하지만 그때 느꼈던 신기함은 아직도 기억에 남는다. 이제는 BTS나 〈기생충〉의 반응에 제법 익숙해진 나이기도 하지만 그날 미국 관객의 반응은 어떠한 바운더리를 훌쩍 넘은 듯한 그런 느낌이었다.

왜 그렇게 신기했을까? 어찌 보면 당연한 일인데…. 아마도 그때가 처음이어서 그랬던 것 같다. 그 무렵이 〈쉬리〉, 〈인정사정 볼 것 없다〉와 같은 한국 장르영화가 드디어 미국의 일반 관객들과 만나는 시기가 아니었나 싶다. 그리고 장르영화이기 때문에 미국 일반 관객들 속으로 파고들 수 있었다고 생각한다. 장르영화란 특정한 형식이나 줄거리를 따름으로써 액션, 로맨틱 코미디, 호러, 스릴러 등 모두에게 익숙한 영화다. 미국 관객도 장르 시스템에 길들여진 것이다. 내가 보기에 한국영화가 참 잘하는 것이 'genre-twisting'이다. 즉 장르의 형식을 따르는 듯하면서도 그 장르적 요소를 한번 꼬면서 장르를 벗어나기도 하고 여러 장르를 통합하기도 하는, 쉽게 말해서 한국영화는 장르를 참 잘 가지고 노는 것 같다. 그래서 미국 관객한테는 장르영화이기 때문에 익숙하게 느껴지면서도 한국적인 트위스트(반전)가 가미되어 신선하게 느껴졌던 것 같다. 예를 들어서 〈인정사정 볼 것 없다〉는 액션영화에 누아르 성격이 강해서 액션영화에서 못 보던 독특한 화면이 나왔고 〈살인의 추억〉 같은 경우에는 스릴러이지만 중간중간 코믹한 순간들이 묘하게 섞여있어서 웃으면서도 웃어도 되는지를 고민하게 만든다.

혹자는 한국영화의 인기에 대해 일본, 중국, 홍콩영화에 이어서 단지 자기 차례가 도래한 것으로 여길 수 있지만 나는 한국영화의 경우 조금 다르다고 생각한다. 다른 아시아영화는 미국에서 전성기를 맞이할 때 보통 한 장르로 알려졌다. 예를 들어서 일본영화의 경우는 구로사와 감독 등의 영화 전성기를 지나서는 〈링〉, 〈이치 더 킬러〉 같은 호러영화로, 홍콩영화는 무협영화로 (오우삼, 성룡 영화), 이렇게 하나의 특정한 색으로 알려졌다. 반면에 한국영화는 그렇지 않았다. 뭐랄까 상당히 극단적인 감정 표현에 능숙한 동시에 어느 특정 장르만이 아니라 다양한 장르를 통해 보다 폭넓게 관객들에게 어필했던 것 같다. 이런 와중에 글로벌 관객이 한국영화에 제대로 주목하게 만든 영화가 나타났다. 바로 〈올드보이〉였다.

〈올드보이〉(2003)는 여러모로 대단한 영화였다. 먼저 운이 따르는 영화였다. 2004년 칸영화제에서 심사위원대상을 수상해서가 아니고 그해의 칸영화제 심사위원장이 쿠엔틴 타란티노 감독이어서였다. 그 상이 그때까지 한국영화가 세계 3대 영화제에서 수상한 최고 권위의 상이기도 했지만, 더 중요한 것은 타란티노 감독이 거기서 그치지 않고 그 후에도 제일 열정적으로 〈올드보이〉를 홍보해 줬다는 것이다. 이는 〈올드보이〉의 북미 지역 배급까지 이어졌다. 박찬욱 감독이 인터뷰에서 이렇게 말한 적이 있었다. "타란티노가 너무 열정적으로 〈올드보이〉에 대해서 얘기해서 남의 영화에 대해 듣는 것 같았다. 내 영화를 내가 보고 싶게 만들었다."

이 시기에 나는 박찬욱 감독의 통역을 여러 번 맡았는데, 그때마다 느꼈던 것은 박찬욱 감독은 완전 '락스타'라는 점이었다. 〈친절한 금자씨〉(2005)를 뉴욕영화제에서 상영했을 때 미국 팬들이 포스터와 DVD를 들고 박찬욱 감독의 사인을 받기 위해 GV가 끝날 때까지 극장 뒤에서 기다리고 있었다. 이런 '스타' 대접을 받는 한국 감독은 박찬욱 감독이 처음이었다.

박찬욱 감독의 뉴욕 방문 중 마틴 스콜세지 감독과의 미팅이 있었는데 나
역시 운 좋게 통역으로 함께할 수 있는 영광을 가졌다. 모두가 스콜세지 감독
과 만날 생각에 마음이 들뜨고 일행 중 한 분은 사인을 받을 포스터를 구해서
갔던 기억이 난다. 스콜세지 감독의 사무실에서 미팅을 했던 날 스콜세지 감
독과 영원한 콤비이자 그 유명한 편집자인 텔마 슌메이커와도 인사를 나누게
됐다. 그녀는 영화 〈디파티드〉(2006)의 편집 중이었다. 스콜세지 감독이 〈디파
티드〉의 준비 과정에 대해서 얘기해 주면서 배우들한테 꼭 〈올드보이〉를 보
라고 추천했다는 얘기를 전해 들었다. 순간 나는 매우 뿌듯함을 느꼈다. 사실
앞서 쿠엔틴 타란티노 감독에 대해 잠시 언급했는데 한국영화에 대한 애정
이 그 누구보다 깊은 연출자가 또 스콜세지 감독이다. 그는 2007년 본인이 운
영하는 '세계영화재단(World Cinema Foundation)'의 첫 복원 작품으로 〈하녀〉
(1960)를 선택하기도 했다. WCF은 아카이브와 기술시설이 부족한 개발도상
국의 우수한 클래식 영화 복원을 위해 설립된 비영리 단체로 한국은 지원 대
상에 포함되지 않는데, 스콜세지 감독의 적극적인 추천으로 〈하녀〉가 복원
될 수 있었다.

　박찬욱 감독과 관련된 기억을 하나 더 얘기하면, 무엇보다 박찬욱 감독의
스타성을 볼 수 있었던 2006년 베니스영화제가 있다. 박찬욱 감독은 경쟁부
분의 심사위원으로 초청을 받았고 심사위원장은 프랑스의 대표 여배우 카트
린느 드뇌브였다. 심사를 하기 위해 하루에 두세 편의 영화를 보면서 중간중
간 극장을 오고 가며 여러 감독과 배우들을 볼 수 있었지만 영화제 기간 동안
에 직접적인 교류는 적었다. (그래도 얼떨결에 하비 와인스틴하고는 악수까지 했던 기억
은 난다.) 마침내 영화제의 공식적인 일정이 다 끝나고 엔딩 파티에서는 긴장을

좀 풀 수 있었다. 그제서야 그간 박찬욱 감독을 멀리서 구경만 했던 사람들이 박찬욱 감독에게 다가와 인사를 하는 것이었다. 함께 심사를 맡았던 카메론 크로우 감독에 의하면 여러 감독들과 배우들이 박찬욱 감독을 소개해 달라고 부탁했다고 한다. 〈셰이프 오브 워터〉(2017)로 유명한 멕시코 감독 기예르모 델 토로가 자신의 넓은 배를 치면서 자기가 '빅 팬'이라며 바로 지난 주에 이베이(옥션)에서 〈올드보이〉 사운드트랙을 어렵게 구했다고 좋아하던 모습을 지금도 잊을 수가 없다. 그렇게 베니스영화제를 마치고 돌아오니 막 뉴욕영화제가 시작되고 있었다.

90년대 초만 하더라도 영화제나 특별프로그램에 한국영화가 한 편이라도 있으면 경사인 분위기였는데, 그해 뉴욕영화제는 여러 편의 한국영화가 초청됐고 그중에 봉준호 감독의 〈괴물〉(2006)이 있었다. 당시 〈괴물〉은 이듬해 미국 개봉을 앞두고 있었는데 이전에 미국에서 개봉한 한국영화와는 다르게 미국 국내 배급에 힘을 주는 인상을 받았다.

〈괴물〉의 미국 내 홍보는 '매그놀리아'라는 회사가 맡았는데 당시에는 주로 미국 독립영화와 해외영화를 배급했다. 나는 그해 가을 뉴욕영화제에서 〈괴물〉의 통역을 시작으로 영화제와 프레스 인터뷰, 11월에는 AFI FEST와 LA 프레스 인터뷰를 맡았고, 2007년 3월 7일 개봉 직전에 8일간 네 개의 도시(뉴욕, 워싱턴 D.C., 시카고, 샌프란시스코) 프레스 투어에 봉준호 감독과 함께 했다. 지금의 관점에서 〈기생충〉과 비교하면 너무나 소박하게 느껴지지만, 그 당시 〈괴물〉을 앞두고 진행한 프레스 투어는 매우 의미 있었다. 열정이 넘치는 우리 일행은 빠듯한 일정 속에서도 짬짬이 시간을 내어 재즈도 감상하고 시카고 한인 타운을 찾기도 했다. 그리고 시카고에 가면 이건 꼭 해줘야 한다고 해서 시카고 유니언 스테이션 기차역을 찾아가서 (봉준호 감독의 연출하에) 브라이언 드 팔마의 〈언터처블〉(1987)의 그 유명한 계단 시퀀스를 재연(?)하기도 했다. 여러모로 이때 박찬욱 감독과 봉준호 감독의 새로운 에너지로 인해 미국 내 한국영화의 새로운 시대가 막이 오른 것 같았다. 이제는 오우삼 감독이 부러울 게 없었다. 게다가 오우삼 감독은 미국에서 'John Woo'였지만, 박찬욱 감독부터는 'Park Chan-wook,' 이렇게 성을 앞에 넣고 불려지기 시작됐다. 작은 디테일이지만 존중의 표시이며 달라지는 한국영화의 위상을 의미하기도 했다.

달라진 한국영화의 위상

2000년대 초부터 한국영화가 본격적으로 세계 무대에 오르면서 해가 다르게 자리잡아가는 것을 볼 수 있었다. 이런 환경에서 늘 새로운 것을 찾는 할리우드가 한국영화에 관심을 갖는 것은 당연했다. 〈올드보이〉, 〈엽기적인 그녀〉, 〈장화, 홍련〉, 〈시월애〉 등 여러 한국영화의 리메이크가 만들어지기 시작했고 또 한국에서는 미국이 촬영지인 합작영화를 열심히 추진하던 때였다. 나라마다 영화 제작 시스템의 차이도 있고 언어와 문화도 다른 데다가 당시의 합작은 감독과 메인 팀은 한국측이고 나머지는 현지인 스태프로 구성되는 식이었다. (합작영화에 대해서는 뒤에서 더 자세히 다룬다.) 나도 이때 합작영화 몇 편에 합류해 LA, 시애틀, 프라하에서 일했는데 가는 곳마다 한국영화와 한국문화에 대한 높은 관심과 호응을 느낄 수 있었다.

사실, 미국은 좀 늦은 감이 있다. 이미 2000년대 초반부터 한류가 아시아 국가에서는 폭발적인 인기를 누리고 있었고, 미국에서 한류 바람은 2010년이 지나서야 제대로 불기 시작했다고 생각한다. 물론 2000년대부터 한국영화나 K-팝에 대한 컬트적인 팬층이 점점 커지고는 있었다. 그렇지만 팬들 대부분은 한국 이민자나 2세들이었고 영화 스크리닝이나 콘서트 같은 행사는 뉴욕이나 LA 같이 한국 이민자가 많은 대도시 중심으로 이뤄졌다. 심지어 이런 도시들을 벗어나면 한국 음식점도 찾기가 어려웠다. 내가 어린 시절을 보낸 1980년대만 해도 우리 가족은 아이스박스를 싣고 두 시간 넘게 운전해 뉴욕 시내에 와서 한국 장을 봤던 것이 기억이 난다. 그래서 '한국'적인 것(그게 영화든 음악이든 음식이든)을 알아주고 찾아주는 외국 사람들이 많아지는 것을 볼 때 당연히 기분이 좋았다. 마치 뭔가를 공유하는 기분이었고 게다가 미국에서의 한류 효과는 완전히 급이 달랐다(next level). 한류 바람이 미국에 좀 늦게 도착하긴 했지만 한번 제대로 불기 시작하자 급속도로 다방면에서 그 효과를 체감할 수 있었다.

2000년대 초까지만 해도 한국 음식점에 갈 때는 주로 한국 사람끼리 가거나 어쩌다 미국 친구가 한번 한국 음식을 먹고 싶어하면 함께 가는 경우가 있었다. 이럴 때는 보통 그들이 먹는 메뉴도 정해져 있었고 (비빔밥 또는 불고기) 주문도 당연히 한국 사람인 내가 했다. 그러다가 2010년 이후에는 한국 음식에 대한 관심이 폭발적으로 높아졌고 한국 음식점에 외국 손님이 점점 늘어나는 걸 피부로 느낄 수 있었다. 처음에는 외국 손님 반, 한국 손님 반 정도였는데 불과 몇 년 만에 외국 손님의 수가 압도적으로 많아졌다. 이렇게 미국 사람한테 먼저 인기를 끌기 시작하더니 그 후에는 다른 아시아인들에게도 인기가 더욱 높아졌다. 메뉴도 영어로 만들어졌고, 한국 친구 없이 외국인 가족들끼리 와서 한국 사람처럼 주문도 하고, 고기를 구워 먹을 때에는 한국 사람처럼 쌈도 싸 먹었다. 주위에 김치를 사러 한국 장을 보는 외국 친구들도 늘어났고 심지어 집에서 김치를 담그는 친구들도 심심치 않게 보게 되었다. (정말 생소하다!) 이제는 한국 음식이 너무나 대중적인 것으로 인식된다. '김치 맛'이나 '고추장 소스'처럼 이런 단어들이 자연스럽게 주류 문화에서 사용되고 있다. 마치 미국 문화에 중국 '딤섬'이나, 일본 '스시'가 자리를 잡은 것처럼 이제는 한국 음식도 미국문화의 일부분이 되었다.

K-뷰티의 향상은 더 놀랍다. 정말 하룻밤 사이에 일어난 듯하다. 어느 날 미국 패션 잡지를 보다가 페이지를 넘기는데 느닷없이 한국 화장품에 관한 기사가 눈에 띄었다. 내 기억으로는 한국 화장품의 'Best of-'기사였다. 이 기사가 기억에 남는 이유는 그 전에는 미국잡지에서 한국 화장품을 언급하는 걸 본 적이 단 한번도 없었기 때문이다. 그리고 한국에서도 화장품이면 외국 제품이 최고라는 인식이 있을 때였다. 그런데 그렇게 기사가 한 번 나더니 몇 년 사이에 K-뷰티가 뷰티의 선도자가 되어 지금까지 시장을 주도하고 있다. 화장품 가게의 대명사인 세포라에서 아모레퍼시픽 제품을 구입할 수 있을 때 너무 기뻤던 게 얼마 되지 않았는데, 이제는 세포라 안에 K-뷰티 코너가 따로 있을 정도이다.

지금의 BTS나 블랙핑크 등을 보면 K-팝은 비교적 쉽게 자리를 잡았다고 생각할 수 있지만 난 그렇게 평가하지 않는다. 물론 제일 먼저 팬층이 생겼다는 점은 동의하지만 미국 땅은 넓은 만큼 음악 취향도 매우 다양한 편이다. 그렇기 때문에 K-팝도 어느 한 틈새를 잡은 것이지 대중적인 호응도에서는 거리가 멀었다. 그러다가 2012년 싸이의 〈강남스타일〉이 나타나면서 모든 것을 바꿔 났다. 처음에는 내가 발라드를 선호하는 탓에 그리 특별히 인식하지 못했고 외국 사람들이 "오빤 강남스타일~" 하면서 여기저기에서 춤을 췄을 때도 그 대단함을 몰랐다. 그러다가 미국 중부의 어느 고등학교에서 미식축구 하프타임 쇼에 마칭 밴드가 〈강남스타일〉을 연주하는 영상을 보면서 쇼크를 받았다. 미국에서 그보다 더 미국적인 것이 없는 게 고등학교 미식축구 하프타임 쇼인데, 거기서 〈강남스타일〉이 나오다니…. 2012년 12월 31일 밤에 타임스퀘어 한복판에 싸이가 〈강남스타일〉을 부르고 옆에서 유재석, 하하, 노홍철이 춤을 추는 것을 보는데도 순간 납득이 안됐던 기억이 난다. 지금 그 영상을 다시 찾아봐도 역시 감동이다. 이제 싸이의 〈강남스타일〉은 미국, 아니 전 세계 팝 컬처의 일부가 되었다.

미국 극장에서 한국영화를 보는 시대

나에게는 영화 〈써니〉(2011)가 무척 의미 있는 영화이다. 영화도 물론 너무 재미있게 봤지만 이 영화를 어디서 어떻게 봤냐는 것이 더 기억에 남는다. 〈써니〉는 한국에서 2011년 5월 4일 개봉했다. 그리고 나는 2011년 8월 초에 뉴욕의 극장에서 〈써니〉를 관람했다. 불과 3개월 후에, 다른 미국영화와 함께 상영하는 일반 극장에서 표를 사서, 〈써니〉를 봤다. 표를 사서 영화를 보는 건 너무나 평범한 일이지만, 미국에서 한국영화를 영화제나 특별 스크리닝이 아닌 일반 극장에서 본 것은 그때가 처음이었다. 〈써니〉를 본 후 신나게 친구들과 영화에 대해 애기하면서 너무나 자연스럽게 극장을 걸어나가는데 머리 한쪽에서는 '뭐지?' 하는 부분이 있었다. 그때부터 이렇게 아무렇지도 않게 한국영화를 미국 극장에서 보기 시작했다. 그것도 한국에서 개봉하고 얼마 안 지나서 우리도 그 영화들을 볼 수 있었다. 그리고 3년이 지난 2014년 여름의 일이었다. 뉴욕은 LA처럼 한국영화만 틀어주는 전용 극장은 없지만 타임스퀘어에 인기 있는 한국영화나 인도, 중국영화를 틀어주는 AMC 극장이 하나 있었다. 상영 기간이 딱 일주일인 건 아쉬웠지만, 그것도 감지덕지했다. 그러다 보니 한국에서 7월 30일에 개봉한 최민식 배우 주연의 〈명량〉이 입소문이 자자하다는 소식을 접하게 되자 이곳에서도 상영을 기대하게 되었다. 결국 〈명량〉은 뉴욕에서 8월 15일에 개봉했다. 한국영화라서 예매는 안 해도 되겠거니 생각하며 극장으로 갔는데, 그것도 개봉날이고 금요일 밤이어서 그나마 30분 일찍 갔는데…. 오마이! 매진이었다. 이미 표는 밤 10시 상영밖에 없었다. 그것도 매진될 듯 표가 몇 장 남아 있지 않았다. 나는 속으로 '이 동네 한국사람들이 모두 다 극장에 왔나?' 했지만 그래도 오늘 〈명량〉을 보기로 한 만큼 어떻게든 영화를 보자는 생각에 나와 친구들은 얼른 표를 샀다. 그리고 근처에서 3시간 넘게 치맥으로 시간을 때운 다음 극장에 도착했더니 역시나 매진이었고 더 큰 극장으로 옮겨져 있었다. (외국영화는 항상 꼭대기 층의 작은 스크린을 배정받았는데 낮은 층의 더 큰 스크린으로 바뀌었다.) 극장에서도 〈명량〉의 뜨거운 호응에 대해서 좀 놀란 듯한 눈치였다.

　〈명량〉의 성공적인 개봉에 연이어 〈군도〉와 〈해적〉도 개봉 스케줄이 잡혀 있었다. 여태까지는 일주일만 상영하고 내려오던 한국영화였는데 그 다음 주에 〈군도〉를 보러 가니 아직도 〈명량〉이 상영하고 있는 게 아닌가? 그리고 다시 일주일 후 〈해적〉을 보러 갔을 때에는 〈명량〉뿐만 아니라 〈군도〉까지도 계속 상영 중이었다. 나란히 한국영화 세 편이 걸려있는 모습을 멍하니 보면서 잠시 사진으로 남겨놓을까 고민을 하다가 안 찍었는데 지금은 그게 후회된다. 그 역사적인 순간을 왜 안 찍었을까…. 이런 한류 트렌드가 계속되다 보니 뉴욕에서는 재밌는 현상이 하나 둘 나타나기 시작했다. 더 이상 한국문화는 한국사람만 즐기는 것이 아니었다. 이제 한류는 우리의 것만이 아닌 우리 모두의 문화가 된 것 같았다.

한국드라마도 마찬가지다. K-드라마 역시 내가 처음 뉴욕에 왔을 때는 순전히 한국 교포들만 한국비디오 가게에서 빌려 봤다. 그런데 한류 바람이 불기 시작하면서 차츰 외국 팬층을 확보해 가더니 이제는 넷플릭스에서 한국드라마만 찾아보는 K-드라마 전문가들을 쉽게 찾아볼 수 있다. 실은 나조차도 크게 인식하지 못한 사이에 이 모든 변화가 일어나고 있었다. 오래 전에 함께 하며 친해진 배우 배두나가 내게 이런 말을 한 적이 있다. 여러 일 때문에 뉴욕에 꾸준히 방문해 왔는데, 어느 때부터인가 외국 팬들이 자신이 출연한 영화 뿐만 아니라 드라마 얘기도 많이 하기 시작하더라. 특히 한 번은 어느 백인 할머니가 기쁘게 "Oh, Bae Doona!"라고 부르면서 드라마에서 봤는데 제목이 기억이 안 나는지 "A rich guy and…." 하다가 갑자기 "Baek Soo Chan!" 하면서 한국 드라마의 〈완벽한 이웃을 만나는 법〉 남자 주인공 이름을 불렀다고 얘기했다. 나 역시 비슷한 경험을 했는데 한 번은 너무나 전형적인 미국인 친구를 만났는데 요즘 재밌게 보는 한국드라마 얘기를 해줘서 들어 보니 〈아내의 유혹〉이었다. 그 순간 너무나 놀란 나머지 나는 "아니, 네가 그 막장드라마를 알아? 그리고 어떻게?"라고 되물었다. 알고 보니 그 친구는 일정표도 제대로 나오지 않는 뉴욕의 로컬 케이블 TV 채널을 통해서 이미 K-드라마를 보고 있었던 것이었다. 그녀는 총 129부작을 한 편도 빠짐없이 로컬 케이블 TV를 통해 보고 오히려 내게 K-드라마 얘기를 들려주었다.

　이처럼 한국문화가 다방면에서 호응을 받고 있는 이유는 여러 가지가 있겠지만 어쩌면 그중 하나는 아시아문화 전체의 힘이 커졌기 때문이 아닐까 싶다. 2018년 8월만 한번 살펴보아도 한눈에 쉽게 확인할 수 있다. 먼저 8월 15일에 〈크레이지 리치 아시안〉의 개봉이 있었는데 엄청난 센세이션을 일으켰다. 이는 1993년 〈조이 럭 클럽〉 이후 무려 25년 만에 올 아시안 주연 캐스팅의 영화였다. 〈크레이지 리치 아시안〉의 감독 존 추와 원작 작가 케빈 콴은 이 영화를 극장의 스크린에 걸기 위해서 넷플릭스로부터 3부작 제의와 높은 개런티를 포기했다. 이 영화는 무조건 잘 되어야 한다고 생각해서 일단 개봉하는 날에 극장에 가서 봤다. 그렇게 무사히 오프닝 주말 박스오피스에서 성공적으로 1위 자리를 잡긴 했지만 오프닝 주말에는 실제로 부유한 '리치 아시안'들이 #GoldOpen이라고, 한 극장 표 전석을 통째로 구매해서 팬들에게 무료 관람하게 하는 운동까지 벌이기도 했다. 일주일 후에는 박스오피스가 뚝 떨어질 거라 예상했기에 다음 주말에도 나는 또 극장을 찾았고 주위 사람들도 꼭 보라고 권했다. 다행히 이런 사명감에 불타고 있는 사람이 나만은 아니었던 것 같다. 〈크레이지 리치 아시안〉은 무려 3주 동안 박스오피스 1위를 기록했고, 로맨틱 코미디영화로서 지난 10년간 가장 많은 수익을 기록한 영화가 되었다. 그 성공으로 인해 두 편의 속편도 그린라이트를 받은 상태로 알려져 있다.

또한 2018년 8월 17일에는 한국계 작가 제니 한의 원작 소설을 바탕으로 한 넷플릭스 영화 〈내가 사랑했던 모든 남자들에게〉가 개봉했다. 물론 이 영화 속 주인공도 아시안이다. 이 작품 역시 흥행에 있어 좋은 성과를 거둬서 남녀 주인공으로 캐스팅된 배우들을 스타로 만들었고 그 결과 속편도 만들어졌다. 그리고 8월 30일에는 한국계 미국인 존 조가 주연한 독특한 형식의 영화 〈서치〉가 개봉했다. 이 영화는 전적으로 모니터 스크린 속에서 벌어진다는 매우 신선한 설정의 스릴러 드라마인데 몰입도가 상당한 작품으로 흥행에도 크게 성공했다. 2016년에 소셜 미디어에서 #StarringJohnCho(#존조주연)라는 운동이 벌어졌는데, 이는 할리우드영화 포스터에 남자 주인공 대신 존 조를 포토샵해서 할리우드의 '화이트 워싱'을 비판했다. 이런 캠페인으로 사람들은 존 조라는 배우를 통해 아시아계 주연을 상상해보는 계기를 만들었다. #존조주연 운동의 성과가 존 조의 〈서치〉 캐스팅으로 이어지면서 아시아 배우가 처음으로 대중적인 할리우드 스릴러의 주연을 맡게 되었다. 〈크레이지 리치 아시안〉 팀은 영화가 너무 큰 사랑을 받은 만큼 그 기쁨을 나누고 싶은 마음에, 존 추 감독과 남자 주인공 헨리 골딩 배우가 〈서치〉의 오프닝 주말에 극장을 찾아 각각 1회 상영 분의 표를 전석 구매하여 사람들한테 나눠주기도 했다. 이렇게 한 달 사이에 아시안 주연 영화가 세 작품에 이르렀고 이것은 매우 자축할 만한 일이었다. #AsianAugust 라는 해쉬태그까지 생길 정도였다.

한 달간 무척 행복하기도 했지만 그때가 미국내 아시아 영화인에게 중요한 시기였던 것 같다. 같은 해 산드라 오가 〈킬링 이브〉로 에미상 드라마 부문에서 아시안 최초로 여우주연상 후보에 올랐을 때에는 정말 말도 안 되는 일

이라 생각했다. 산드라 오가 후보에 오른 것이 말이 안됐다는 게 아니고 이제
서야 올랐다는 것, 그리고 그것이 최초였다는 사실. (산드라 오는 그때 이미 〈그레이
아나토미〉로 여우조연상 후보에 5번 올랐다.) 생각해 보니 배우가 없었던 것이 아니라
아시안이 주인공이었던 작품이 그만큼 없었다. 에미상은 아쉽게 후보에 그쳤
지만 산드라 오는 다음 해 〈킬링 이브〉로 마침내 골든글로브시상식에서 TV부
문 여우주연상을 받는 쾌거를 이루어냈다. 처음 산드라 오가 〈킬링 이브〉 시
나리오를 보고 에이전트와 통화하면서 나에게 주어진 배역이 어떤 파트인지
모르겠다고 하니까 에이전트가 주인공 이브 역할이라 말해주었다고 한다. 그
동안 산드라 오 역시 자신도 모르게 아시안은 주인공을 못한다는 편견에 스
스로를 가둔 채 살아왔다는 사실은 인터뷰를 통해 알려진 유명한 일화이다.

K-문화, 더 이상 컬트가 아니다

2018년 8월의 'Asian August'는 하나의 현상으로 그치지 않았다. 이제 와
서 그때를 되돌아보면 뭔가 이상하게 느껴질 정도로 현재 아시안에 대한 위
상은 확연히 높아졌다. 지금은 〈기생충〉처럼 자막 영화나 〈에브리씽 에브리
웨어 올 앳 원스〉 같이 거의 올 아시안 캐스트인 영화가 아카데미시상식에서
또는 미국배우조합(SAG) 시상식에서 최우수상을 수상하는 때이다. 동시에 아
시아 배우가 연기 주연상을 수상하는 때이기도 하다. 지금은 BTS가 빌보드
차트에 1위를 기록하고 그래미상 후보에 오르고, MTV 비디오 뮤직 어워드
에는 '베스트 K-팝' 부문이 있다. 또 한국드라마 〈오징어 게임〉이 넷플릭스의
가장 많이 스트리밍된 기록을 가지고 있는 세상이다 (2023. 1. 4.). 미국 내 한류

문화의 인기가 더 이상 놀랍지도 않다. 이렇게 5년도 안되는 시간 안에 이렇게 큰 변화가 일어났을까? 아니, 한국영화가 한 번도 아카데미상 후보에도 못 오르다가 〈기생충〉 한 방으로 4관왕을 차지하기에 이르렀다. 놀랍게도 0에서 단 한 걸음에 100으로 간 느낌이다.

　이러한 급박한 변화에는 여러 가지 이유가 있다고 생각한다. 그에 대해서는 에필로그에서 세 명의 필자들이 머리를 맞대고 함께 얘기를 나누어 볼 것이다. 분명한 것은 K-문화가 더 이상 컬트가 아닌 대중성을 획득했다는 점이다. 이제 보다 많은 미국인들이 자막이 달린 한국영화와 드라마를 보기 시작했다. 얼마 전 한 미국 친구가 'mukbang(먹방)'이라는 단어를 스스럼없이 사용할 때 순간 내가 지금 잘못 들은 게 아닌가 하고 헷갈렸다. 요즘 들어 주변에 한국어를 배우는 사람도 많이 생겨서 한국어 학원을 어렵지 않게 찾을 수 있다. 이제 더 이상 영어로 된 노래만 부를 필요가 없고, 미국에 알리기 위해 '영어로' 제작된 작품을 만들 필요도 없다. 지금 미국에서는 한국적인 것이 이질적인 것이 아니라 'Korean flavor'라는 하나의 맛으로 받아들여지고 있고 지금은 한국의 맛이 가장 핫(hot)하다. 이제 미국 역시 조금 늦었지만 진정한 지구촌에 합류하고 있다고 생각한다. 그 속에서 영화든 음악이든 음식이든 우리는 하나의 언어로 점차 서로의 거리를 좁혀가고 있다.

막을 읽기 귀찮아 외국영화는 무조
스킵하는 관객이라면, 만약 서브 타
틀을 읽는 약간의 번거로움만 극복
다면 이제까지 경험하지 못한 실로
능할 수 없는 멋진 신세계를 경험을
될 것이

의 높이는

현이다. 실제 1인치는 대략 2.5cm정
되기에 봉 감독님이 극장의 자막 사
즈를 지칭한 것 같지는 않고 아마도
니터 스크린을 말한 것일 거다. 물론
1인치의 장벽이 때로는 너무도 넘기
든 허들인 경우도 있다, 바로 청각 장
인들에게는 말이다. 몇 해 전 오랫동
안 베리어프리 영화제를 진행해 오던
프로듀서의 제안으로 청각 장애 학생
들에게 영화제작에 대한 강의를 한 적
이 있다. 그 친구들의 영화에 대한 열정
이 너무도 뜨거워 놀랐는데 그보다
충격적이었던 건 이제까지 청각 장
애인을 위해 한국어 자막을 지원하는
극장이 단 한 곳도 없다는 사실이었다.

코리안 인베이젼
〈1인치 장벽을 넘어서〉

코리안 인베이전 〈1인치 장벽을 넘어서〉

김창래

이 책의 제목이기도 한 위의 문구는 제78회 골든글로브시상식에서 봉준호 감독이 했던 말이다. 정확한 워딩은 다음과 같다.

> 여러분들이 1인치 자막의 장벽을 넘어선다면, 보다 많은 훌륭한 영화를 즐기실 수 있습니다.

그렇다, 자막을 읽기 귀찮아 외국영화는 무조건 스킵하는 관객이라면, 만약 서브 타이틀을 읽는 약간의 번거로움만 극복한다면 이제까지 경험하지 못한 실로 가늠할 수 없는 멋진 신세계를 경험하게 될 것이다. 여기서 말하는 1인치 자막의 높이는 사실 (당연하게도) 은유적 표현이다. 실제 1인치는 대략 2.5cm정도 되기에 봉 감독이 극장의 자막 사이즈를 지칭한 것 같지는 않고 아마도 모니터 스크린을 말한 것일 거다. 물론 그 1인치의 장벽이 때로는 너무도 넘기 힘든 허들인 경우도 있다, 바로 청각 장애인들에게는 말이다. 몇 해 전 오랫동안 베리어프리(barrier free) 영화제를 진행해 오던 프로듀서의 제안으로 청각 장애 학생들에게 영화제작에 대한 강의를 한 적이 있다. 그 친구들의 영화에 대한 열정이 너무도 뜨거워 놀랐는데 그보다 더욱 충격적이었던 건 이제까지 청각 장애인을 위해 한국어 자막을 지원하는 극장이 단 한 곳도 없다는 사실이었다. 국내에는 (물론 많다고 할 수는 없지만) 외국인 관객을 위해 영어 자막 상영을 하는 극장이 전국에 열 곳이 넘는 걸로 알고 있다. 하지만 이제까지 청각 장애인이 극장에서 한국어 영화를 볼 수가 없었다고 생각하니 왠지 마음이 짠했다. 당시 청각 장애인 감독이 제작한 단편을 학생들과 관람했던 나는 문득 그들이 장소를 어떻게 섭외하는지 궁금해 물어봤는데, 당연히 전화로 의도를 전달할 수 없기에 필요한 장소가 있으면 그때마다 직접 찾아가서 섭외한다고 들었다. 그날 저녁 강의를 마치고 식사를 하기 위해 을지로 3가를 학생들과 걸어가는데 청각 장애 학생 한 명이 뒤에서 화물차가 시끄럽게 빵빵 경적을 울리는데도 피해주지 않는 모습을 보았다. 나는 그 학생에게 다가가 차가 오는데 왜 피해주지 않느냐 물어봤는데 (너무도 당연한 답변이지만) 바로 뒤에서 울려대는 그 시끄러운 경적 소리가 전혀 들리지 않았다는 말을 듣고는, 순간 망치로 한 대 얻어맞은 것 같은 기분을 느꼈다. 그래서 청각 장애 학생들은 따로 돈을 지불하더라도 DVD를 꼭 구입한다고 한다. 최소한 DVD는 한국어 자막이 있기에….

　자막, 서브타이틀이라는 게 어찌 보면 참 별거 아닌데 그걸 극도로 싫어하는 사람이 가끔은 있다. 특히 전반적으로 미국의 관객은 자막을 싫어한다. 그건 마치 보슬비가 내리는 정도라면 아예 우산을 쓰지 않는 그들의 문화와도 닮아있다. 평소 유튜브에서 K-팝 리액션을 즐겨보는 나로서는 어느 록 전문 채널의 유튜버가 블랙핑크의 〈셧 다운〉을 처음 듣고 하는 말에 소스라치게 놀란 적이 있다. 자신이 유튜브 리액션을 4, 5년가량 해오고 있는데 자막이 달린 뮤직비디오는 블랙핑크의 〈셧 다운〉이 처음이라 말했다. 맙소사! 자막 달린 영상이 처음이라고? 아마 대다수의 한국인들에게는 그 말이 너무나 낯설게 느껴질 것이다. 왜냐하면 우리는 어려서부터 소피 마르소가 나오는 〈라 붐〉을 극장에서 자막으로 보았고, 휘트니 휴스턴이 부르는 〈보디가드〉를 DVD로 보았으며, 타노스가 지구 인구의 절반을 사라지게 하는 〈어벤져스〉 역시 극장에서 자막을 통해 봤기 때문이다. 한국인은 어려서부터 자막을 보며 자랐기에 자막문화는 공기와도 같은 것이다. 당연히 그러하기에 언급조차 안 되는 것이다. 하지만 미국인에게는 그게 어려운가 보다. 특히 〈라 캄파넬라〉의 현란한 바이올린 음악에 제니, 리사, 로제, 지수의 현란한 안무가 곁들여진 〈셧 다운〉의 뮤직비디오라면 자막을 읽으며 영상을 동시에 흡수하기가 쉽지는 않을 수도 있다. 하지만 아직도 일부 미국인들이 처음 외국 뮤직비디오를 볼 때 클로즈드 캡션(폐쇄자막)을 켜지 않는다는 것은 어찌 보면 미국인들의 문화 사대주의와도 맞물린다고 볼 수 있다. 영어로 된 문화콘텐츠만이 상위 개념의 문화라 생각해 자막에 알레르기 반응을 보이며 거부감을 느끼는 사람들이 분명 존재한다. 그러나 그것은 포스트 팬데믹 시대를 역행하는 접근이라 생각한다. 이제 국가 간의 문화적 장벽은 봉준호 감독의 말대로 이미 허물어진 상태이고 이제 자막은 선택이 아니라 필수이다. 아울러 내 개인적인 생각으로 자막이란 상대를 이해하려는 최소한의 노력이자 의지이다. 다른 문화를 이해하기 위해서 자막이란 존재는, 뭐랄까 일종의 수중 다이버에게 산소통과 같은 역할을 한다. 바닷속 펼쳐지는 신비로운 해양 생물들의 세계를 이해하기 위해서 산소통은 반드시 필요하다. 생각해 보라. 누가 스쿠버 다이빙을 산소통 없이 시도할 생각조차 하랴. 산소통이라는 조금은 거추장스럽지만 필요한 도구를 장착하고 나면 수백년 된 바다거북이는 물론이거니와 한 번도 본 적 없는 산호초와, 해조류, 대왕 오징어, 바키타돌고래와 같은 육지에서는 절대 경험할 수 없는 황홀한 미지의 세상이 펼쳐질 것이다. 물론 때로는 반드시 자막이 아니더라도 다른 문화의 영화나 드라마를 즐길 수 있다.

더빙 버전을 예로 들어본다면. 미국의 경우 문해율이 전 세계 40위권 밖으로 비영어권 영화들에 대한 선호도가 낮은 편이다. 하지만 일찍이 유럽의 경우에는 한국과 마찬가지로 할리우드영화가 대세이기에 할리우드영화를 보기 위해 자막이나 더빙 버전을 봐야만 했다. 특히 더빙을 선호하는 국가로는 독일, 프랑스, 이탈리아, 러시아 등으로 이들 국가는 예로부터 더빙 버전이 대세였다. 어릴 적 우연히 〈007 나를 사랑한 스파이〉를 이탈리아 버전의 VHS 테이프로 봤을 때 귀에 들렸던 이탈리아판 더빙의 낯설음을 지금도 잊을 수가 없다. 더빙의 경우 자막과 유사한 역할을 하지만 그 선호도는 나라마다 다르지 않나 싶다. 예를 들어 일본과 같이 애니메이션 영화가 강세이고 영어 자막에 대해 다소 거부감을 느끼는 전통이 있는 나라에서는 더빙을 선호하지만, 반면에 스웨덴, 핀란드, 네덜란드, 한국과 같은 경우에는 아무리 대사가 많은 영화라도 자막을 선호한다. 주요 타깃이 아이들인 디즈니영화 역시 한국에서는 더빙판보다는 자막을 훨씬 더 선호한다. 하지만 미국의 경우 대중영화의 종주국이라는 자부심도 강하고 앞서 박미나 작가가 언급했듯이 자막 영화는 뭐랄까 일종의 예술영화라는 인식이 강하다. 물론 이러한 추세는 넷플릭스의 등장으로 지금은 자막도 거부감 없이 관람하는 추세가 확산되는 편이긴 하지만, 아직까지 서양인들이 자막문화에 덜 개방적인 것 또한 사실이다. 그래서 그런지 미국인이나 유럽 관객에게는 자막보다는 더빙으로 해외영화를 보는 문화가 보편화되어 있다. 더빙과 관련해 생각나는 인상적인 작품이 하나 있는데 2016년 제작된 폴 마리아노 감독의 다큐멘터리 〈비잉 조지 클루니〉라는 작품이다. 이 다큐멘터리는 조지 클루니의 목소리를 더빙하는 세계 각국의 성우들을 취재한 작품으로서, 자막문화를 주요 소재로 다루었지만 그것과 더불어 성우라는 직업에 대한 자부심과 그들의 삶에 초점을 맞춘 작품이다. 재미있는 것은 독일의 경우 텔레비전 방송에서 한 번은 방송국 사정으로 더빙 대신 실제 조지 클루니의 목소리와 자막을 내보냈는데, 시청자들은 난생 처음 조지 클루니의 이상한 목소리를 듣고서는 방송국으로 빗발치게 항의 전화를 걸었다고 한다. 이는 유럽인의 더빙문화를 단적으로 보여주는 에피소드가 아닌가 싶다. 조지 클루니의 목소리를 더빙한 이탈리아의 성우 안드레 소글리우조는 다음과 같이 말한다,

"사람들은 미국인이 어떤 식으로 말하는지 신경 쓰지 않죠. 이탈리아인들은 자막을 믿지 않아요. 그들은 이탈리어를 들으며 영화를 보고 싶어 해요."

사실 더빙과 관련해서는 한국도 유럽과 마찬가지로 외화 관람시 더빙에 대한 의존도가 자막보다 높았던 때가 있었다. 특히 1990년대까지 한국에서 외화는 국내드라마보다 훨씬 더 높은 인기를 구가하였는데 그중 〈형사 콜롬보〉,

〈맥가이버〉, 〈전격 Z작전〉과 같은 미국드라마는 웬만한 토종 인기드라마보다 더 폭발적인 인기를 끌었다. 지금도 이 작품을 떠올리면 〈형사 콜롬보〉의 경우 실제 배우인 피터 포크보다는 그의 목소리를 실감 나게 연기했던 배한성 성우님의 코맹맹이 목소리가 먼저 떠오른다. 〈형사 콜롬보〉의 경우 1대 콜롬보였던 작고하신 최용찬 성우의 목소리도 인상적이지만, 그보다는 배한성 성우가 만들어 낸 그 특유의 허술한 듯하면서도 명석함이 묻어나는 코맹맹이 목소리가 우리가 기억하는 콜롬보의 목소리이다. 배한성 성우는 콜롬보 형사와 더불어 90년대 리차드 딘 앤더슨이 주인공으로 출연했던 국민 미드 〈맥가이버〉의 목소리도 담당했는데, 얼마 전 우연히 본 오리지널 드라마 속 〈맥가이버〉의 실제 목소리가 너무도 낯설게 느껴졌던 건 비단 나만의 경험은 아닐 거라 생각한다. 이렇듯 확실히 한국이나 유럽에서 할리우드의 대중문화는 단지 언어만 달랐을 뿐 진입장벽 같은 것은 처음부터 존재하지 않았다. 그러니까 애초에 자막을 읽기 힘들어 다른 나라의 영상을 안 본다는 개념은 어려서부터 자막을 보며 자라온 문화권의 사람들에게는 다소 생소한 변명(?)으로 다가올 수도 있다. 하지만 앞서도 언급했듯이 이전과 달리 포스트 팬데믹 시대에는 이 '외국적인 것'에 대한 개념이 확연히 달라졌음을 피부로 느낄 수 있다. 2020년 코로나가 전 세계를 뒤덮었을 때 한국에서는 치킨집이건 중소기업이든 대기업이든 상관없이 모두가 불황이었고, 단 두 회사만 돈을 벌었다는 우스갯소리가 있었다. 그 두 회사는 다름 아닌 넷플릭스와 쿠팡이다.

코로나의 공포로 인해 사람들은 극도로 외출을 자제했고 집에 오래 있는 만큼 넷플릭스를 시청했는데 당시 최고의 수혜자는 〈오징어 게임〉이었다. 전 세계 시청자들은 우리가 현재 살아가는 경쟁사회의 비정함을 데스 서바이벌이라는 은유를 통해 그려낸 K-드라마에 열광했고 이는 엄청난 신드롬으로 표출됐다. 〈오징어 게임〉의 경우 무려 46일 동안 넷플릭스 1위를 기록함과 동시에 유튜브 조회수 170억 뷰에 달하는 전대미문의 기록을 세웠다. 최소한 이 시기 〈오징어 게임〉은 단순한 드라마의 인기를 넘어 하나의 문화현상과도 같은 폭발적인 인기를 누렸다. 특히 세계 드라마 시청자들이 한국과 미국 아이들 '놀이'의 유사성으로 인해 보다 쉽게 드라마에 몰입할 수 있었다. 미국에도 한국의 '무궁화꽃이 피었습니다'와 유사한 'Red Light, Green Light(빨간불, 초록불)' 놀이가 있다. '초록불'을 외치면 움직이고 '빨간불'을 외치면 멈춘다. 이와 유사한 놀이 문화는 일본에도 있어서 일본어 더빙에선 '다루마상가 코론다(오뚝이가 넘어졌다)'로 더빙되었다. 역시 같은 놀이다. 사람들은 이 생소하지만, 흥미로운 한국의 드라마를 자막으로, 또는 더빙으로 시청했다. 이제 자막이냐, 더빙이냐, 다른 국가의 언어라는 장벽은 더 이상 중요하지 않다. 중요한 건, 이 살벌한 경쟁사회에서 456억을 차지하기 위해 동료를 짓밟고, 은인을 배신하고, 어릴 적 친구의 등에 칼을 꽂아야만 겨우 버틸 수 있는 비정한 어른들의 세계가 선사하는 드라마의 재미만이 중요했다. 〈오징어 게임〉이 팬데믹 기간 동안 세계인을 하나의 언어로 대동단결시켰다면, 이러한 흐름은 코로나가 한풀 꺾인 2022년에도 이어졌다. 여러 글로벌 히트 작품이 있겠지만, 애플 TV가 제작한 〈파친코〉 역시 〈오징어 게임〉과 유사한 맥락에서 수많은 글로벌 팬들의 관심을 이끌었다. 이제 글로벌 팬들, (그중에서도 특히) 북미 시청자들은 봉준호 감독이 말한 그 1인치의 허들을 기꺼이 넘어서려 한다. 그동안 왜 이리 멀리 돌아왔을까…. 그렇지 않은가? 10미터의 장벽도 아니고, 10센티미터도 아닌 고작해야 1인치일 뿐인데….

거기에는 아마도 타인이나 다른 문화권에 대한 두려움, 미국문화만이 세계의 넘버원이라는 일종의 우월감, 그리고 어느 정도의 게으름이 복합적인 요인으로 뒤섞여 있지 않았나 싶다. 하긴 문화를 알아간다는 것은, 사실 말처럼 그렇게 쉬운 일이 아닌 듯싶다. 때로는 다른 문화권의 영화는 고사하고 내 가족, 또는 친구 사이에서도 오해와 소통의 단절은 존재한다. 2003년 소피아 코폴라 감독이 연출한 사려 깊고 비범한 영화 〈사랑도 통역이 되나요?(Lost in Translation)〉를 보면 타인을 이해한다는 게 얼마나 어려운 일인지 알 수가 있다. 사실 이 작품의 한국어 제목인 〈사랑도 통역이 되나요?〉는 그럴싸한 뉘앙스에 비해 작품이 내포하고 있는 미묘한 의미를 전달하지는 못하는 제목이라 다소 아쉽다. 하지만 이 정도 번역의 제목이면 최악은 아니다. 80년대 한국 비디오 시장에서는 이보다 더욱 심한 번역도 다수였다. 예를 들어, 코엔 형제의 필름 누아르 느낌을 물씬 풍기는 데뷔작 〈블러드 심플〉의 경우, 비디오 제목은 〈분노의 저격자〉였다. 아마도 한국어로 번역하는 과정에서 데실 해밋의 『피의 수확』에서 인용된 'Blood Simple'이란 미묘한 느낌을 번역하기가 쉽지 않아 그런 제목을 차용한 듯 보인다. 코엔 형제의 인터뷰를 그대로 발췌하자면, "It's an expression he used to describe what happens to somebody psychologically once they've committed murder," Joel Coen told Time Out. "They go 'blood simple' in the slang sense of 'simple', meaning crazy."

여기서의 '블러드 심플'이란 사람이 누군가를 죽인 후의 그 심플(미친, 멍한) 상태를 말한다. 이를 사실 한국어로 그대로 번역하기는 쉽지 않았을 것이다.

이 과정에서 발생하는 해석적인 약간의 누수가 바로 'Lost in Translation'이다. 번역을 하다 보면 많은 경우, 온건한 의미를 전달하기 어려운 상황에 수도 없이 직면한다. 또 다른 예를 들자면 지난 2022년 한국에서 가장 많이 쓰인 유행어로 '중요한 것은 꺾이지 않는 마음'이란 표현이 있다. '중요한 것은 꺾이지 않는 마음'을 어떻게 영어로 번역할 수 있을까…?

〈기생충〉을 비롯해 대다수 봉준호 감독의 영화를 번역한 달시 파켓 역시 방송에서 비슷한 고충을 털어놓은 적이 있다. 번역을 하다보면 여러 의미에서 100퍼센트 충분한 느낌이나 의미가 전달되지 못할 때가 있다. 예를 들어 한국어에는 반말과 높임말이 있다. 문제는 캐릭터가 반말을 쓰다가 높임말을 쓸 때, 그 미묘한 뉘앙스를 해외 관객들에게 온건히 전달하기가 쉽지 않다는 것이다. 달시 파켓은 또한 한국어 특유의 언니, 오빠, 이렇게 이름 대신에 부르는 호칭의 경우 영어 'sister'는 자매일 뿐이지 그것이 언니인지 동생인지는 구분을 해주기가 어렵다는 것이다.

하지만 이러한 '번역 과정에서의 손실'은 사실 모든 인간관계에 모두 통용되지 않나 싶다. 오래된 친구나 연인 사이에도 뜻하는 모든 의도가 언제나 완벽하게 전달되지는 않는 것 같다. 문화가 같고 언어가 같다 해서 반드시 더 깊이, 더 쉽게 상대를 이해할 수 있는 건 아니다. 오히려 그 반대의 경우 문화가 다른 언어권의 작품일지라도 인간 본연의 존재를 이해할 수만 있다면 주인공이 겪는 미묘한 상실감이나, 어떤 충만한 희열을 언어와 상관없이 느낄 수 있다. 그런 측면에서 소피아 코폴라의 〈사랑도 통역이 되나요?〉는 언어를 떠나 매우 훌륭한 작품이다. 이 작품은 도쿄로 여행을 온 두 미국인 남녀 사이에 벌어지는 이야기를 다루고 있는 작품인데 언뜻 로그라인만 들어보면 로맨스를 생각할 수도 있는 설정이다. 하지만 영화가 그려내고 있는 테마는 깊으로 드러나는 단순한 설정보다 훨씬 더 세심한 톤으로 인간 대 인간 사이에서 파생되는 소통의 부재와 공감을 다루고 있다. 스칼렛 요한슨이 주연을 맡은 샬롯은 사진작가인 남편을 따라 일본에 함께 왔지만 자신의 일에 늘상 바쁜 남편은 그녀의 내밀한 외로움과 앞날에 대한 불안함을 이해해 주지 못한다. 그런 그녀가 어느 날 광고 촬영차 역시 도쿄에 들른 밥 해리스(빌 머레이)와 만나며 벌어지는 이야기가 영화의 표면에 드러나는 스토리라인이다. 언뜻 보기에는 20대 갓 결혼한 여성과 40대 중년 남성의 불륜 스토리 정도로 비춰질 수도 있지만 영화는 그보다는 미래에 대한 불안, 정작 같이 있어도 소통이 되지 않는 연인 사이, 나아가 인간 대 인간으로서 서로의 존재를 온건하게 전달하고 받아들일 수 있느냐에 대한 이야기를 하고 있다. 아무리 가까운 사이라 하더라도 때로는 말이나 작은 몸짓 하나로 우리는 상대방의 의도를 무시하기도 하고 또한 감동받기도 한다. 〈사랑도 통역이 되나요?〉는 이 영화를 만들 당시 각본과 감독을 맡은 소피아 코폴라의 자전적 색채가 진하게 묻어있는 작품이기도 하다.

　　당시 소피아 코폴라는 〈존 말코비치 되기〉로 혜성같이 나타난 영화감독 스파이크 존스와 결혼한 상태였는데 두 사람은 당시 할리우드 최고의 영화인 커플로 많은 사람들의 축복과 관심을 받았다. 하지만 주변의 기대나 관심과는 달리 두 사람은 〈사랑도 통역이 되나요?〉가 개봉한 2003년도에 이혼했다. 어쩌면 소피아 코폴라가 〈사랑도 통역이 되나요?〉에서 그려낸 샬롯이라는 캐릭터는 당시 작가이자 감독이었던 자신(소피아 코폴라)의 상황을 대변했는지도 모른다. 여기서 흥미로운 사실은 이후 전 남편이자 영화감독인 스파이크 존스 역시 유사한 톤의 감성적인 로맨스 드라마를 제작했는데 영화, 〈그녀〉이다. 〈그녀〉는 테오도르라는 대필 작가의 이야기인데 주 내용은 테오도르가 인공지능 사만다와 사랑에 빠진다는 내용이다. 영화 〈그녀〉에서 테오도르는 문득문득 자신이 떠나보낸 여자친구 캐롤라이나(루니 마라)를 잊지 못하고 그녀와의 행복했던 시간을 떠올린다. 참 묘하다. 영화 〈사랑도 통역이 되나요?〉를 떠올리면 갓 결혼해 남편을 따라 동경에 온 샬롯이 호텔 창가에 앉아 도심을 내려다보는 장면이 가장 먼저 떠오른다. 동시에 영화 〈그녀〉를 생각하면 테오도르가 사람들이 북적이는 해변 모래사장에 누워 따스한 햇살을 받으며 자신이 떠나보낸 캐롤라이나를 그리워하는 장면이 떠오른다. 아마도 소피아 코폴라와 스파이크 존스는 10년이라는 시간을 두고 서로에게 못다 한 이야기를 자신들의 영화 속 한 장면을 빌어 전달하고 있었는지도 모른다. 왜 둘이 같이 있을 때는 서로의 마음을 상대에게 전달하지 못했을까. 언어는 중요하지 않다. 중요한 건 마음이다.

1인치 장벽의 높이

　할리우드영화만의 이상한 리얼리티가 늘 내게는 불만이었다. 어릴 적 디즈니영화 〈뮬란〉을 극장에서 보았던 기억이 지금도 생생한데, 백설공주와 신데렐라로 유명한 디즈니에서 동양인을, 그것도 여성을 주인공으로 그린 영화가 나온다기에 무척이나 기대되는 마음으로 극장을 찾았던 기억이 있다. 〈뮬란〉은 중국의 한 여성이 병든 아버지를 대신해 남장하고 전쟁에 나갔다는 화목란 서사시에서 영감을 받은 작품으로 〈포카혼타스〉, 〈모아나〉와 더불어 백인

이 아닌 여성 주인공 캐릭터가 등장하는, 당시로서는 보기 드문 디즈니였다. 물론 〈뮬란〉 역시 이후 그녀가 2,000여 명이 넘는 훈족의 군내와 싸우던 중 부상을 당해 여자인 사실이 밝혀지는 위기에 처하지만, 장군의 아들 샹의 도움으로 목숨을 구한다는 설정이 다소 아쉬운 옥에 티라고 볼 수 있다. 2000년 이전 제작된 대다수의 디즈니영화에서 여성의 존재란 부자-백인 남성에 의해 구원되는 의존적 캐릭터임과 동시에 왕자의 키스가 있기 전까지 영화가 끝나지 않는다는 비아냥 섞인 질타를 받는 그런 회사였다. 물론 〈겨울왕국〉이 이러한 디즈니의 오래된 관습을 단 한 번에 송두리째 바꾸었지만…. 어찌 됐든 90년대 후반 극장을 찾아 〈뮬란〉을 보러 갔을 때는 어느 정도 중국풍의 스테레오타입과 오리엔탈리즘을 예상했던 건 사실이었고 영화는 딱 그만큼의 예상을 벗어나지 않았다. 하지만 정작 내가 거슬렸던 건 캐릭터의 억양이었다. 아니, 이건 비단 디즈니영화만의 문제가 아니라 대다수의 할리우드영화를 보면 외국인들이 영어를 한다. 이게 좀 말이 안 되는 것 아닌가? 〈뮬란〉의 시대적 배경은 위진남북조 시대에 있었던 북위와 유연의 전쟁으로 대략 6세기, 또는 5세기 이전으로 알려졌다. 정확한 시기야 원작의 이야기가 서사시에서 유래된 것으로 알 수 없다 하더라도 그 당시 중국 사람들이 영어를 하지는 않았을 것이 자명한데 어떻게 된 것이 영화 속 인물들은 하나같이 악센트가 심한 영어를 구사하고 있단 말인가? 그 당시 사람들이 단체로 YBM 학원이나 화상 전화영어로 영어를 배웠을 리도 만무하고 어떻게 된 것이 할리우드 속 외국인 캐릭터들은 하나같이 자국인의 언어를 사용하지 않고 외국어를 사용할 수가 있는가? 물론 이는 어디까지나 영화적 리얼리티를 위한 선택일 것이다. 대다수의 메인 관객이 미국인인데 만약 전체 분량을 중국어로 표현하고 여기에 더빙이나 자막을 입혔다면 아마 디즈니는 손익분기점 넘기지 못했을 것이다. 외국인이 등장하는 할리우드영화에서 누구나 영어를 쓴다는 것 정도는 충분히 영화적 리얼리티로 넘어갈 수 있다. 하지만 문제는 왜 그들에게 어설픈 악센트를 쓰게 하냐는 것이다. 왜 그들은 서부영화 속 백인 주인공이 사용하는 그런 표준 영어(standard English)를 구현하지 않느냐는 것이다.

그런 측면에서 보았을 때, 2006년 제작된 멜 깁슨 감독의 영화 〈아포칼립토(Apocalypto)〉는 할리우드영화의 자막 문화에 대한 새로운 비전을 제시한 영화가 아닐까 생각한다. 그리스어로 '새로운 출발'을 뜻하는 〈아포칼립토〉는 스페인 침략 직전의 유카탄 반도의 마야문명을 무대로 평화로운 부족 마을을 침략한 약탈자들과 주인공 '표범 발'과의 숨 막히는 추격전으로 구성된 액션 드라마이다. 〈아포칼립토〉는 할리우드영화치고는 비교적 적은 예산인 4,000만 달러로 제작된 영화인데 작품의 완성도는 여느 블록버스터와 비교해도 손색이 없다. 이 작품은 또한 할리우드에서 제작된 영화 중에서는 특이하게 영화의 배경에 맞추기 위해 대부분의 배우들을 아메리카 원주민이나 메스티소(스페인 후손과 원주민 혼혈) 출신 연기자들로 캐스팅했다. 아울러 이 영화는 실제 학자들의 고증을 통해 영화에 등장하는 모든 캐릭터들이 중남미 저지대에서 아직도 사용하고 있는 마야어를 사용한다. 다시 말해 이 작품은 〈와호장룡〉과 같은 자막 영화인 셈이다.

이처럼 최근의 할리우드는 다른 언어에 대한 장벽을 조금씩 허물고 있는 추세다. 하지만 역대 미국에서 개봉한 외국영화의 흥행 스코어를 분석해 보면 아직도 미국 내 자막 영화의 갈 길은 멀다는 걸 알 수 있다. 아래 도표는 IMDB 역대 외국영화 흥행 순위를 표로 나타낸 것이다.

Rank	Title	Lifetime Gross ⌄	Max Theaters ⌃	Opening ⌃
1	Crouching Tiger, Hidden Dragon	$128,078,872	2,027	$663,205
2	Life Is Beautiful	$57,247,384	1,136	$118,920
3	Hero	$53,710,019	2,175	$17,800,000
4	Parasite	$53,369,749	2,001	$393,216
5	Instructions Not Included	$44,467,206	978	$7,846,426
6	Pan's Labyrinth	$37,634,615	1,143	$568,641
7	Amélie	$33,225,499	303	$136,470
8	Fearless	$24,633,730	1,810	$10,564,000
9	The Postman	$21,848,932	430	$95,310
10	Like Water for Chocolate	$21,665,468	64	$23,600

흥미로운 사실은 2020년 개봉한 봉준호 감독의 〈기생충〉을 제외하고는 대부분의 영화들이 10년, 또는 최소 20년 전의 작품들이라는 것이다. 이를 통해 미국인들이 얼마나 해외 자막 영화들에 대해 배타적이었는지 알 수 있다. 그도 그럴 것이 할리우드는 지난 100년 가까이 굳이 해외영화를 찾아볼 이유가 없었다. 애초에 미국이라는 나라에서 영화는 예술적 즐거움보다는 엔터테인먼트 성격이 훨씬 강했다. 대중들은 토요일 저녁에 친구들과 함께 볼 코미디와 로맨스를 원했고, 아메리칸 드림을 쫓아 미국에 온 수많은 이민자들은 언어의 장벽이 비교적 낮은 할리우드 액션 블록버스터에 열광했다. 물론 그렇다고 할리우드영화가 오로지 액션 블록버스터 장르 영화밖에 없다고 말하는 건

절대 아니다. 오히려 할리우드라는 커다란 우산에 가려 이제까지 미국에서 만들어진 수많은 예술영화가 부각되지 않았다면 그건 사실이 아니다. 미국이야말로 가장 많은 시네아스트를 배출한 예술영화 초강국이다. 60년대 후반 아메리칸 뉴 시네마의 거장들이 그러했고, 존 카사베츠, 우디 앨런, 테렌스 맬릭, 폴 토마스 앤더스 등 이루 열거할 수 없을 정도로 수많은 예술영화를 제작한 곳 역시 할리우드다.

1인치 장벽을 넘어서

영화 역사에서 자막의 역사는 그 탄생과 함께 시작했다. 1895년 프랑스 뤼미에르 형제의 첫 영화 이후 1900년대 초반부터 1930년대까지 유성영화가 태동되기 이전까지 영화는 자막을 통해 대중에게 재미와 감동을 선사했다. 또한 많은 학자들이 다른 나라에서 만들어진 영화를 자막을 통해 이해했다. 덕분에 100년이 훌쩍 지난 지금까지도 학생들은 1927년 제작된 독일 로버트 비네 감독이 만든 표현주의 영화를 공부할 수 있다.

20세기 초 미국을 비롯한 세계영화 시장에서 자막이 달린 서부영화의 역할은 매우 컸다. 이 당시 자막의 역할은 단순히 오락적 요소뿐만 아니라 미학적 요소로서 중요한 역할을 담당했다. 관객들은 중간중간 삽입되는 자막을 통해 주인공의 의중을 파악할 수 있었고 글자 폰트와 스타일, 자막 테두리의 미술적 처리 역시 주요 볼거리 중 하나였다. 오히려 초기 무성영화 시절, 자막은 당연시 여겨지는 영화의 일부였고, 관객은 모국어가 아니어도 충분히 영화를 즐길 수 있었다.

　봉준호 감독의 말대로 1인치 장벽을 넘는다면 새로운 세계가 펼쳐진다. 〈기생충〉 역시 여러 다른 국가의 영화들로부터 많은 영감을 빌려 제작된 작품이다. 물론 가장 큰 영향을 선사한 작품은 김기영 감독의 1960년도 한국영화 〈하녀〉일 것이다. 〈기생충〉의 핵심적인 주제와 이미지는 하녀의 계급 상승에 대한 욕망을 계단을 오르는 이미지와 병치시켜 풀어낸 〈하녀〉로부터 지대한 영감을 받았음은 두말할 필요가 없다. 하지만 〈하녀〉 이 외에도 봉준호 감독은 여러 다른 언어를 사용하는 작품들로부터 결정적인 영향을 받아 〈기생충〉을 만들었다. 독일, 일본, 한국의 경우 특수한 문화를 공유하고 있는데 그것은 바로 미군이 주둔하는 국가라는 것이다. 일찍이 독일의 빔 벤더스 감독은 독일 내 미국문화의 영향에 대한 작품을 다수 연출한 적이 있다. 봉준호 감독을 비롯한 내 또래의 대다수 관객들 역시 미군방송에서 어릴 적 보았던 영화들을 잊지 못한다.

　한국의 경우 1957년 주한미군 방송인 AFKN(American Forces Korean Network)이 대중문화에 결정적인 영향을 미쳤다. 나 역시 한국방송보다 어릴 적 미군방송에서 나오던 가요 프로그램과 주말의 영화를 보며 자랐다. 당시 언어는 영어였지만 언어는 중요하지 않았다. 아니 영어는 몰랐지만, 화면 위 흐르는 내용은 이해할 수 있었다. 나는 그 당시 미군 방송에서 수많은 영화를 AFKN에서 보았다. 지금도 몇몇 영화들이 기억나는데 브라이언 드 팔마 감독의 〈필사의 추적〉, 〈터미네이터〉, 〈미지와의 조우〉를 모두 AFKN에서 보았다.

　봉준호 감독 역시 〈기생충〉을 만들며 의식적으로든 무의식적으로든 다양한 국가의 영화에서 영감을 받았다고 여러 인터뷰에서 말했는데 그 작품들은 1963년 구로사와 아키라 감독의 〈천국과 지옥(High and Low)〉, 클로드 샤브롤 감독의 〈의식(La Cérémonie)〉(1995), 그리고 알프레드 히치콕 감독의 〈싸이코(Psyco)〉(1960)이다. 하나는 일본영화이고, 다른 한 작품은 프랑스영화, 나머지 한 작품은 미국영화다. 먼저 〈천국과 지옥〉의 경우, 한국어 제목인 〈천국과 지옥〉보다는 아무래도 영어 제목인 〈High and Low〉가 좀 더 〈기생충〉과 맞닿아 있다. 구로사와 아키라 감독의 〈High and Low〉는 기본적으로 유괴, 납치극인데 이게 보이는 것보다 단순한 스토리가 아니다.

조금 풀어서 얘기하자면 신발 회사의 중역 곤도는 회사의 주도권을 잡기 위해 자신의 전 재산을 사장 몰래 회사 주식에 투자한 상태다. 그런 어느 날 집으로 한 통의 전화가 걸려 오는데 납치범의 전화다. 납치범은 곤도의 아들 준을 납치해 데리고 있으니 몸값 3천만 엔을 보내지 않으면 아들을 살해할 거라 협박한다. 곤도는 회사냐, 아들이냐를 놓고 잠시 고민하지만 이내 아들을 살리기로 마음먹고 협박범에게 3,000만 엔을 전달하기로 한다. 한데 그 순간 아들 준이 멀쩡하게 집으로 들어오는 게 아닌가? 알고 보니 납치범은 곤도의 아들 준이 아니라 운전기사의 아들을 납치한 것이다. 이제 곤도는 더 큰 딜레마에 빠지게 된다. 자신의 회사를 얻기 위해 모른 척할 것인가, 아니면 운전기사의 아들을 살리기 위해 3,000만 엔을 포기할 것인가. 결국 곤도는 모든 걸 포기하고 협박범에게 돈을 지불하고, 이를 단서로 형사들은 마침내 납치범을 검거하게 된다는 얘기가 기본적인 스토리라인이다. 이 작품은 구로사와 아키라 감독 특유의 휴머니즘이 묻어나는 영화로서 겉으로 보기에는 유괴범을 검거하는 범죄물의 성격을 띠고 있지만 그 내피에는 부자(Have)와 가난한 자(Have Not)들 사이에서 파생될 수 있는 끔찍한 비극을 다루고 있다. 영화 후반 경찰에 잡힌 유괴범은 곤도에게 이렇게 말한다.

서 언덕 아래 어둡고 비좁은 아파트 창문에서 올려다 보이는 딩신의 고급 주택을 보며 내가 어떤 생각을 했는지 당신이 아시오?

〈High and Low〉가 제작될 당시 일본은 올림픽 유치와 산업화에 따른 개발정책의 일환으로 슬럼가 거주민들의 반강제적 이주가 이루어졌다. 이는 마치 한국이 1988년 서울올림픽을 앞두고 상계동 거주민들의 터전을 미관상의 이유로 철거하고 내쫓은 사례와 유사한데 구로사와 아키라 감독은 〈High and Low〉를 통해 빈부 격차와 양극화에 대한 이야기를 하고 있다. 이를 위해, 마치 이탈리아 네오 리얼리즘 영화, 〈자전거 도둑〉이 잃어버린 자전거를 찾기 위해 한 가장이 로마 시내 전역을 돌아다니는 과정을 통해 전후 이탈리아 사회의 참상을 보여주는 것과 같이, 당시 일본 사회가 직면한 양극화 문제를 납치·범죄 드라마를 통해 다루고 있다. 이러한 접근은 당연히 봉준호 감독의 〈기생충〉에서도 발견될 수 있다. 〈기생충〉의 기택은 〈High and Low〉의 납치범이 사는 공간과 같은 언덕 아래 반지하 공간이며, 반대로 박 사장의 공간은 곤도가 거주하는 것과 같이 높은 언덕 위 고급 주택이다. 〈High and Low〉가 전반적인 〈기생충〉의 주제와 접근방식에 영향을 미쳤다면 또 다른 주요 레퍼런스 영화는 프랑스 누벨바그 감독들 중 하나인 클로드 샤브롤의 1995년 작품 〈의식〉이다.

프랑스의 국민 배우 이자벨 위페르와, 아네스 바르다의 〈방랑자〉로 세자르 영화제 여우주연상을 받은 상드린 보네르 주연의 영화 〈의식〉은 〈기생충〉의 스토리에 중요한 영향을 미친 작품으로 알려졌다. 국내외 관객들이 〈기생충〉

을 보며 가장 신나게 즐겼던 부분이 바로 가난한 기택네 가족들이 부자 박 사장내 집 안으로 '침투'해 벌어지는 한바탕 소동이었다. 다시 말해 〈기생충〉은 일종의 '침투극'인데, 일반적으로 침투극을 떠올릴 때 우리는 〈무간도〉나 〈신세계〉와 같이 언더커버 형사가 범죄조직의 내부에 '침투'하면서 벌어지는 아슬아슬한 서스펜스 범죄극을 떠올린다. 하지만 봉준호 감독의 〈기생충〉은 스파이 없는 침투극이요, 가난한 사람들이 부자들의 저택에서 벌이는 한바탕 유쾌한 소동이다(적어도 후반 이전까지). 이러한 접근은 클로드 샤브롤 감독의 〈의식〉에서도 발견되는 플롯인데 영화는 조용하고 내성적인 성격의 소피라는 여성이 상류층인 를리에브르 가족을 위해 가정부로 고용되며 이야기는 시작된다. 영화의 제목이 'Ceremony'를 뜻하는 의식인 이유는 처음 소피가 이 집의 가정부로 일하게 됐을 때 그녀는 자신들 밖에 모르는 이기적인 부르주아 부부와 가족을 위해 일종의 '의식'과도 같이 식사를 차려주고 청소를 하고 설거지를 한다. 적어도 이때까지 소피와 상류층 를리에브르 가족과의 관계는 갑을 관계였지만 아무 문제없이 쿨해 보인다. 그런 어느 날 소피가 다소 급진적이면서도 엉뚱한 우체국 직원 잔느(이자벨 위페르)를 만나면서부터 그동안 유지되어 온 계급 간의 균형에 균열이 가기 시작한다. 를리에브르 가족들이 휴가를 간 사이 집에 놀러 온 잔느는 거실에 놓인 수 백 개가 넘는 위성 TV를 보며 이렇게 말한다.

　세상에…. 채널이 도대체 몇 개야?

를리에브르 가족은 처음에는 소피를 인간적으로 대해주었다. 아니, 그보다는 타인에게 적당한 거리를 유지한 채 배려하는 척 위선 떨었다는 표현이 더 적절할 듯싶다. 를리에브르 부인은 분명 일요일에 약속이 있는 소피에게 볼일이 있으면 외출을 해도 된다고 허락해 놓고서는 정작 일요일에 지인들이 놀러 오자 사라진 소피를 찾으며 괘씸해한다. 그들에게 소피는 적당히 어리숙한, 자신들보다 계급이 낮은 '하녀'일 뿐이다. 회사의 중역쯤으로 보이는 남편은 아내에게 말한다. 저런 사람들은 갈아치우면 그저 그만이라고! 그들에게 소피는 아마도 문제를 일으키면 언제든 교체 가능한 그런 대상쯤으로 보일 뿐이다. 이후 영화는 모차르트의 돈 조반니가 흐르는 가운데 범죄영화의 전통을 충실히 따른다. 분명 클로드 샤브롤의 〈의식〉은 〈기생충〉의 클라이맥스에 중추적인 영향을 미쳤음이 자명하다. 마치 소피와 잔느가 브루주아 가족들로부터 받은 모멸감이 결국에는 되돌릴 수 없는 치명적인 파국에 이른 것처럼….

　봉준호 감독의 〈기생충〉은 분명 팬데믹 이후 급속화 된 사회 양극화 현상에 정면으로 메스를 들이댄 선구자적 작품임이 틀림없다. 하지만 앞서 언급된 김기영 감독의 〈하녀〉와 구로사와 아키라의 〈천국과 지옥〉, 그리고 클로드 샤브롤의 〈의식〉이 없었다면 과연 지금의 우리가 알고 있는 〈기생충〉 같은 영화가 만들어졌을까 싶다. 위에 언급된 작품들 외에 〈기생충〉에 영향을 끼친 작품을 하나만 더 언급해 보자면 알프레드 히치콕 감독의 〈싸이코〉가 있다. 서스펜스 스릴러의 대가인 히치콕 감독의 〈싸이코〉는 베이츠 모텔에서 벌어지는 기괴한 연쇄 살인을 다룬 작품으로써 60년이 지난 지금까지도 수많은 스릴러영화의 모티브가 된 바로 그 작품이다. 봉준호 감독 역시 영화 〈싸이코〉에서 중요한 모티브를 얻었음이 확실한데 당연히 〈싸이코〉의 지하실 설정이

〈기생충〉의 후반부 플롯을 구축하는 데 결정적 영향을 끼치지 않았나 생각한다. 영화 〈기생충〉에서 지하실이라는 공간은 어찌 보면 서글픈 한 공간이다. 영화를 보신 분들은 아시겠지만, 그들이 차지하려는 지하실이라는 공간이 그다지 럭셔리한 공간이 아니다. 영화 속 지하실이라는 공간은 어두침침하며 비좁은, 한마디로 기본적인 생활을 영위하기에 최적의 공간은 아니다. 그럼에도 불구하고 그 작고 비좁은 공간에서 근세는 '기생하며' 삶을 버텨내고 있다. 봉준호 감독은 어떻게 해서 이렇게 창의적인 캐릭터를 만들 수 있었을까? 처음 〈기생충〉에서 근세 캐릭터가 등장했을 때의 충격을 아직도 잊기 힘들다.

　히치콕은 자막 미술로 경력을 시작한 감독이다. 히치콕은 평소 많은 회화 작가들로부터 영향을 받았는데 종종 그의 영화에서는 표현주의 작품의 흔적을 발견할 수 있다. 예를 들어 그의 1926년 작품 〈하숙인〉에서 시체를 발견한 하숙집 여주인의 모습에서 우리는 에드바르트 뭉크의 〈절규〉를 연상할 수 있다. 마찬가지로 〈싸이코〉 역시 에드워드 호퍼의 미술에서 명확한 영감을 얻었는데 그 작품은 바로 〈철길 옆의 집〉이다.

　20세기 초 현대를 살아가는 도시인들의 고립과 외로움을 사실적으로 묘사한 작가로 잘 알려진 에드워드 호퍼는 유난히도 할리우드영화에 많은 영감을 준 작가이다. 히치콕의 〈싸이코〉에서 주인공 노먼 베이츠의 집은 지상 2층, 지하 1층으로 구성되어 있다. 이는 인간의 의식, 무의식과도 닮아있다. 1층은 인간의 자아, 2층은 초자아, 그리고 지하는 우리들의 무의식을 상징하고 있다. 영화 〈싸이코〉에서 지하실이라는 공간은 인간의 추악한 본성이 폭로되는 공간이다. 봉준호 감독 역시 히치콕 감독의 영화와 유사한 접근방식으로 플롯을 다루고 있다. 〈기생충〉에서 지하실은 마치 〈싸이코〉의 지하실이 그러하듯이 작품의 핵심적인 가치관을 폭로하는 결정적인 장소로 사용되었다. 봉준호 감독의 인터뷰를 빌려 말하자면 알프레드 히치콕의 〈싸이코〉는 봉 감독에게, "좋은 의미의 트라우마로서 각인되어 있어서, 영화 속 노먼 베이츠 하우스의 구조와 음악들을 리믹스 해보고 싶은 욕망이 있었다."고 말한다. 봉준호 감독은 실로 다양한 국가의 다양한 영화 속의 레퍼런스를 가져와 자신만의 것으로 만드는 데 천부적인 재능이 있는 듯하다. 그런 의미에서 아마도 1인치 자막의 허들을 뛰어넘어 가장 큰 혜택을 경험한 사람은 봉준호 감독이 아닌가 싶다.

돌이켜보면 불과 2000년 초반까지 한국 극장의 자막은 세로 자막이 대세였다. 당시 세로 자막의 글자 수는 한 줄에 8자, 2줄에 15자 정도만 들어갔다. 그러던 것이 어느 순간 가로 자막으로 바뀌었고 이제는 세로 자막이 있었던 때가 기억조차 나지 않는다. 자막이 가로로 바뀌면서 한 줄에 표현할 수 있는 글자 수도 10자, 2줄에 20자 정도가 들어갈 수 있게 되었다. 늘어난 글자 수만큼 이제 보다 많은 사람들이 자막에 익숙해진 듯하다. 자막을 읽는 문화는 팬데믹 이후 부쩍 우리에게 가까이 다가왔다, 이제 넷플릭스를 시청할 때 자막을 읽는 건 보편적인 문화가 된 지 오래다. 모쪼록 더 많은 사람들이 자막에 보다 거리감 없이 다가서기를 희망한다. 그리고 봉준호 감독의 말처럼 더 이상 1인치 장벽을 허들이라 생각하지 않는 그런 날이 오기를 바라본다. (2022년 12월)

설국열차〉 이전에도 다양한 한국

나 외국 자본의 협업 사례는 무수히

이뤄져 왔다. 하지만 언제나 그렇듯

이 (또는 어느 나라도 그렇듯이) 외

국 시스템

양한 장애물이 존재해 왔다. 심형

해외 합작 프로젝트
제작의 어려움

래 감독이 제작한 〈디워(D-War)

의 경우 CG의 완성도 면에서는 나

쁘지 않은 평가를 받았지만 스토리

의 완성도 면에서 많은 아쉬움을 드

러냈고, 박용우, 고아라 주연의 〈파

다〉(2012)의 경우 다문화 가정의

이야기를 소재로 한 점은 높이 평가

되지만 미국 촬영 당시 부족한 제작

시간이 고스란히 작품의 퀄리티로

이어져 다소 아쉬운 결과를 보여주

지 않았나 싶다.

해외 합작 프로젝트 제작의 어려움

남종우

크리스 에반스, 틸다 스윈튼, 에드 해리스 등 쟁쟁한 할리우드 배우들이 주연한 봉준호 감독의 〈설국열차(Snowpiercer)〉(2012)는 한국의 자본과 할리우드 시스템이 만나서 만들어졌다. 일찍이 할리우드는 전 세계 각국의 재능있는 감독들을 문어발식으로 영입하는 데 주저함이 없었다. 가까이는 최근에 엘비스 프레슬리의 일대기를 다룬 〈엘비스〉의 오스트레일리아 출신 감독 바즈 루어만부터 〈그래비티〉의 알폰소 쿠아론(멕시코), 〈반지의 제왕〉의 피터 잭슨(뉴질랜드), 〈라이프 오브 파이〉의 앙리(대만) 등 최근의 할리우드에서 맹활약하는 감독들 중 다수의 감독이 미국 출신이 아니다. 사실 이러한 전통은 이미 1940년대에 필름 누아르 영화들에서 발견할 수 있는데 대부분의 40년대 누아르 명작들만 하더라도, 윌리엄 와일러(프랑스), 프리츠 랑(오스트리아), 프레드 진네만(폴란드), 그리고 시오드 마크(독일) 등 할리우드로 이주한 유럽 출신 감독들의 솜씨이다. 이러한 외국 감독의 영입, 또는 미국의 자본과 외국영화 인력의 합직 프로젝트는 2000년대 이후에도 여전히 유효한 할리우드의 주요 전략으로 자리하고 있다. 반면 한국영화의 경우에는 할리우드처럼 외국 감독을 한국의 자본과 결합하여 제작하는 시도보다는 한국 감독이 외국 제작사와 협업하여 제작하는 시스템을 다양하게 시도해 왔다. 일찍이 배창호 감독의 경우 1984년에 제작한 〈깊고 푸른 밤〉이라는 작품을 올 할리우드 로케이션 방식으로 제작하였는데 영화가 보여준 360도 회전 쇼트라든지 헬리콥터 부감 촬영과 같은 방식은 당시 국내의 프로덕션 수준을 고려할 때 한국영화 제작의 수준을 한 단계 끌어올린 수작임에 틀림없다.

물론 〈설국열차〉 이전에도 다양한 한국과 외국 자본의 협업 사례는 무수히 이뤄져 왔다. 하지만 언제나 그렇듯이 (또는 어느 나라도 그렇듯이) 외국 시스템과의 협업에는 언제나 다양한 장애물이 존재해 왔다. 심형래 감독이 제작한 〈디워(D-War)〉의 경우 CG의 완성도 면에서는 나쁘지 않은 평가를 받았지만 스토리의 완성도 면에서 많은 아쉬움을 드러냈고, 박용우, 고아라 주연의 〈파파〉(2012)의 경우 다문화 가정의 이야기를 소재로 한 점은 높이 평가되지만 미국 촬영 당시 부족한 제작 시간이 고스란히 작품의 퀄리티로 이어져 다소 아쉬운 결과를 보여주지 않았나 싶다.

앞서 언급했듯이 한국영화 업계는 늘 새로운 것을 찾아왔고 동시에 할리우드에서도 한국영화에 대해 관심이 점점 더 커지고 있다. 특히 2000년대 초반 한국영화가 르네상스를 맞이했을 때 한국 내 제작사들은 한국영화의 영역을 외국으로 넓히고자 하였고, 외국 제작사와의 공동제작(co-production) 역시 늘어날 수밖에 없었다.

〈워리어스 웨이〉의 사례

〈기생충〉이 있기까지 한국영화는 끊임없이 해외 진출의 길을 모색해 왔다. 제작비 상승으로 인한 불가피한 선택이기도 했고, K-팝과 K-드라마를 비롯한 다수의 한국 콘텐츠가 한류라는 이름으로 해외에서 인기를 얻으면서 상업적 가능성을 발견했기 때문이기도 했고, 각종 영화제에서 발군의 성적을 거두면서 자연스럽게 조성된 분위기 때문이기도 했다. 이 챕터에서는 2010년 12월 6일에 동아일보에 게재된, 당시 영화진흥위원회에서 한국영화해외배급지원 펀드 코디네이터로 일하고 있던 정주현님의 「〈워리어스 웨이〉 관객수로만 평가할 수 없는 이유」라는 칼럼을 인용하도록 한다.

20년 전으로 돌아가 보자. 정주현 코디네이터의 칼럼에서 이야기했듯이, 빠르게 성장하고 있던 2000년대 한국영화계의 주요 키워드 중 하나는 '해외 진출' 또는 '국제공동제작'이었다. 특히 한국영화의 내수 시장이 포화상태에 이르렀다는 인식이 조성된 2005년을 전후해 이 현상은 급물살을 타기 시작했고, 제작자들이 먼저 눈을 돌린 것은 가까운 아시아 시장이었다. 비슷한 과제를 안고 있던 한국 중국 일본 세 나라를 중심으로 〈칠검〉(2005), 〈무극〉(2005), 〈데이지〉(2006), 〈묵공〉(2006), 〈보트〉(2009) 등 자본과 제작 인력, 배우와 같은 다양한 요소들을 결합한 합작영화들이 시도되기 시작했다. 하지만 대부분의 한국과 해외 합작영화의 경우 결과가 좋지 못했다. 논란의 여지는 있지만, 각 나라의 제작 주체들의 리스크를 최대한 분산시키려다 보니 특정 국가의 문화적 색채를 중화시키려는 노력이 더해졌고, 이는 오히려 어느 한 나라의 관객에게도 어필할 수 없는 어정쩡한 상태의 영화로 끌고 가버렸다. 여기에 해외 제작팀과의 협업이 기존에 없던 시도였다 보니 철저한 시장조사나 충분한 데이터가 없었던 점도 문제가 되었다. 시작할 때의 기대와 관심은 시간이 지나면서 걱정과 고민으로 변해갔다.

물론 긍정적인 효과도 있었다. 국가 간 서로 다른 제작 환경에 대한 이해가 쌓여갔고, 교류의 범위도 넓어졌다. 특히 한국 스태프들의 경우, 기술적 능력을 인정받아 인력의 해외 수출도 적지 않게 이루어졌다. 아시아지역을 중심으로 이러한 시도가 이루어지는 동시에, 할리우드와의 접촉도 조심스럽게 생겼다. 전 세계 문화산업의 패권을 쥐고 있는 할리우드와의 첫 단추는 한국영화의 리메이크 판권을 중심으로 이루어졌다. 소재 고갈에 시달리던 할리우드는 〈시월애〉(2010), 〈장화, 홍련〉(2003), 〈엽기적인 그녀〉(2002), 〈올드보이〉(2003), 〈친절한 금자씨〉(2005) 등 독창적인 한국영화의 이야깃거리에 주목했다. 이중 일부는 영화화되었고 일부는 아직 결과물을 내지 못하고 있지만, 한국영화의 인지도를 높이는 데 리메이크 판권이 적지 않은 기여를 한 것은 사실이다.

이후의 단추는 한국 배우들이 채웠다. 정지훈 이병헌 김윤진 배우 등이 아시아에서의 스타파워를 배경으로, 또는 개인적인 도전으로 하나씩 할리우드에서 존재감을 드러냈다. 이제껏 요원하게만 보였던 할리우드의 높은 장벽이 넘을 수 있는 것으로 보이기 시작했던 것도 이때 즈음이었다.

그러는 와중에 내가 공동 프로듀서로 참여한 이승무 감독의 〈워리어스 웨이〉가 2010년에 개봉했다. 이 영화는 '장동건의 할리우드 진출작', 〈반지의 제왕〉 제작자 배리 오스본 제작', '〈슈퍼맨〉의 그녀 케이트 보스워스 출연' 등

각종 화려한 수식어를 달며 개봉 전부터 영화 업계는 물론이고 일반 대중들에게도 큰 화제가 되었다. 그러나 아쉽게도 기대와 달리 개봉 결과는 그리 좋지 못했다. 전반적으로 '기대 이하'라는 평가가 주를 이룬 가운데 영화는 국내 박스오피스 50만 관객 동원에 그쳤고, 약 2,000여 개의 스크린에서 동시 개봉한 미국에서도 600만 달러 정도의 아쉬운 성적을 거뒀다. 칼럼을 쓴 정주현 코디네이터의 말을 빌려 표현하자면 다음과 같다.

"단도직입적으로 말해 이 영화는 '가벼운 영화'다. 편한 마음으로 구경하기에 좋은 100분짜리 팝콘영화다. 소재의 사실성이라든가 이야기의 개연성을 찾으려는 노력은 애초에 하지 않는 것이 좋다. 거대한 서사 스케일이라든가 치열한 정의감, 또는 아스라한 로맨스로 무장한 기존의 무협영화와도 거리가 멀다. 느긋이 의자에 몸을 맡기고 웨스턴 카우보이와 동양의 검객이 부딪히는 판타지적인 볼거리에 눈을 맞추라는 것이, 이 영화가 요구하는 최적의 관람 태도다." (동아일보, 2010. 12. 6)

하지만, 앞서 언급한 캐스팅과 여러 수식어들로 한껏 기대치가 높아진 국내 관객과 평단의 반응은 부정적일 수밖에 없었다. 할리우드 블록버스터급 스펙터클과 슈퍼스타 장동건이라는 포장을 두른 워낙 소문난 잔치이다 보니 먹을 것 없다는 불평이 더 크게 들릴 수밖에 없었던 것 같다.

그렇다면 〈워리어스 웨이〉는 단순히 또 한편의 실패한 합작영화였을까? 꼭 그렇지만은 않다. 영화 자체의 내용과는 별도로, 산업적인 측면에서 이 영화에는 긍정적으로 평가할 만한 대목이 많기 때문이다. 먼저 이 영화의 탄생은 한국영화 인력의 기획력으로부터 출발했다는 점을 주목할 필요가 있다. 이 영화의 각본과 연출은 이승무 감독이, 촬영은 〈거짓말〉, 〈파주〉, 〈시라노; 연애 조작단〉 등을 찍은 김우형 촬영감독이, 그리고 주연은 장동건이 맡았다. 다시 말해 영화의 기본적인 뼈대는 모두 한국이 세웠다는 말이다. 또한 본격적인 제작과 투자가 확정되기까지 몇 년에 걸쳐 프로젝트를 끌고 간 것 역시 한국의 영화제작사인 '보람영화사'의 이주익 대표님이었다. 〈워리어스 웨이〉는 태생부터 할리우드 스튜디오의 제도화된 매뉴얼에 따라 탄생한 기획상품이 아니라, 한국의 기획력에 할리우드를 비롯한 다국적 투자가 더해지면서 탄생한 글로벌 프로젝트라는 점이 주목할 점이다. 물론 이는 어디까지나 한국영화업계의 관점에서 본 시각이고 이를 뒤집어 할리우드 관점에서 영화의 상품 가치를 평가한다면, 감독은 아시아의 신인 감독이었고, 장동건이라는 스타가 캐스팅되었지만 할리우드에서는 아직 검증받지 못한 배우였다는 양면성을 가지고 있었다. 한마디로 투자 유치에 필요한 패키징(packaging)에 객관적으로 크게 내세울 만한 것이 없었다.

　단순히 '재미있는 이야기'라는 의견에서 출발한 〈워리어스 웨이〉가 본격적인 궤도에 오르기까지 프리 프리 프로덕션(pre-pre-production)이라 할 수 있는 최초 기획단계의 투자 위험은 한국 제작사인 보람영화사가 모두 부담했다. 그리고 이 투자금의 많은 부분은 할리우드 투자자들에게 영화의 가능성을 설명하기 위한 작업에 쓰였다. 영화의 가장 중요한 포인트라 할 수 있는, 액션을 제대로 구현해 보여주기 위해 CG로 동영상 콘티를 짠 프리 비주얼라이제이션(pre-visualization)과 영화의 분위기를 설명하기 위한 컨셉 아트(concept art) 작업 등 구체적이고도 과감한 노력이 모두 이 단계에서 이루어졌다. 이처럼 제작비의 절반도 투자가 되지 않은 상태에서, 그리고 객관적인 추가 투자 여건을 갖추지 못한 상태에서 프리 프로덕션(사전 준비)을 밀고 나가는 것은 냉정하게 이야기하자면 무모한 짓일 수 있었다. 하지만 역으로 말하자면 이는 할리우드가 갖추지 못한 한국영화계만의 강점이기도 하다. 수치나 데이터로 설명할 수 없는 한국영화계의 저력은 그 특유의 독창성과 뚝심에서 나온다고 할 수 있다.

〈워리어스 웨이〉의 최종 순제작비는 약 5,200만 달러이다. 할리우드의 제작 기준에서 볼 때 대략 중급 영화 수준이다. 이중 한국 측에서 투자한 금액은 25%가량 된다. 그나마 기획 초기 단계에 투자된 금액은 전체 제작비의 10%도 되지 않는 돈이었다. 그러나 이 돈은 영화를 탄생시키는 데 결정적인 종잣돈이 되었기 때문에 한국은 투자 금액의 규모와 상관없이 마지막까지 공동 제작자로 대등한 관계를 유지할 수 있었다. 그리고 그 결과 〈워리어스 웨이〉는 스튜디오영화가 주류를 형성하며 규모의 경제를 구축하고 있는 할리우드의 틈새를 파고드는 데 성공했다. 물론 이러한 제작 방식이 새로운 것은 전혀 아니다.

할리우드의 많은 인디영화가 미니 메이저의 투자를 받거나 배급망을 타고 관객을 만나왔다. 중요한 것은, 이러한 시스템에 한국영화계가 첫 발을 들여놓았다는 것이다. 한국의 기획, 미국과 인도의 투자, 뉴질랜드의 제작 기술이 결합되어 만들어진 〈워리어스 웨이〉는 당시만 해도 제작비가 1, 2억 달러씩 들어간 스튜디오영화들에 비해 극장 박스오피스에서 어느 정도 성적만 내주면 홈 비디오나 기타 부가 판권 시장에서 충분히 수익을 노려볼 수 있는 구조였다. 다시 말해 극장에서 어느 정도만 흥행을 해줬다면, 손익 분기점을 충분히 넘길 수 있었을 것이란 얘기다. 그러나 극장 배급을 확보하고 제작되는 스튜디오영화와 달리, 제작 후 극상 배급을 타신하는 '인디 파이낸싱(indie financing)' 영화의 경우 어떤 배급사를 만나느냐에 따라 운명이 갈린다.

〈워리어스 웨이〉의 경우 당시 할리우드에서 신흥 메이저 투자배급사로 떠오르고 있었던 '랠러티비티 미디어'가 맡게 되었다. 최소 1,500개 스크린 개봉 조건으로 북미 배급 계약을 맺을 때만 해도 랠러티비티 미디어는 영화에 자신이 있었고, '한국에서 온 스타' 장동건을 미국에서 대대적으로 데뷔시켜보자는 포부로 마케팅을 준비했다. 그러나, 갑자기 불어닥친 2008년 서브 프라임 금융 위기를 맞으면서 영화계는 얼어붙기 시작했고, 스튜디오들은 배급 라인업들을 재검토했다. 이러한 악재 속에서 다소 실험적일 수 있는 〈워리어스 웨이〉는 리스크가 크다는 이유로 계속해서 개봉일이 밀렸고, 2008년 말 제작 완료 후 2010년 12월이 되어서야 개봉할 수 있었다.

미국 극장가에서 성수기라 할 수 있는 추수감사절과 크리스마스, 그 사이 관객이 뚝 떨어지는 12월 초. 계약대로 1,500개 이상의 스크린에서 개봉은 했지만, 배급사의 소극적인 마케팅으로 대중은 이 영화가 개봉했다는 사실조차 모르고 있었고, 이는 자연스럽게 아쉬운 개봉 성적으로 이어졌다. 〈워리어스 웨이〉가 한국에서는 너무 큰 기대치로 흥행에 실패했다 해도, 미국에서는 아무 생각 없이 볼 수 있는 소위 '팝콘영화'가 될 가능성이 충분이 있었던 만큼 배급 단계에서 운이 따라 주었다면 모종의 성과가 있었을 것이고, 이 영화가 수익성의 측면에서 최소한의 성공 사례가 되었다면, 한국영화가 더욱 다양한 제작 방식을 시도하는 데 있어 지침으로 삼을 수 있는 또 하나의 선례가 되었을 것이다.

이미 한국영화는 국내 시장만으로 소화하기 어려운 양적, 질적 성장을 이루었다. 영화 산업에서 국경의 의미가 희미해진 세계적 추세로 볼 때 합작영화냐, 할리우드 진출작이냐, 또는 그냥 한국영화이냐를 구분하는 것 역시 의미를 찾기 어렵게 된 지 오래다. 하지만 영화에 대한 관객의 평가는 늘 냉정하다. 정주현 코디네이터가 칼럼에서 말한 것처럼 합작영화에 대해, 또는 할리우드 진출작에 대해 더 엄격한 잣대를 들이댈 것인가는 어디까지나 관객이 결정할 몫이다. 그리고 이 냉정한 평가를 어떻게 자양분으로 삼을지는, 세계화를 향해 과도기를 지나고 있는 한국영화계의 당면 과제이다.

〈워리어스 웨이〉 메이킹

앞서 산업적인 의미의 〈워리어스 웨이〉를 들여다봤다면, 이제부터는 영화의 제작 과정을 함께 들여다보면 좋겠다. 〈워리어스 웨이〉를 제작한 보람영화사는 〈백만장자의 첫사랑〉, 〈만추〉와 같은 한국영화뿐만 아니라 일찌감치 앞서도 언급한 한·중·일 합작영화인 〈칠검〉, 〈묵공〉 등을 제작했다. 보람영화사의 이주익 대표님을 처음 소개받고 회사를 찾아갔을 때, 이미 미국에서 공부하고 돌아온 후 첫 한미 합작영화인 김진아 감독의 〈두 번째 사랑〉에 프로듀서로 참여했던 나로서는 '한국에도 이런 제작사가 있었구나' 하는 기대 반 호기심 반의 마음이었던 기억이 난다. 그렇게 만나게 된 작품인 〈워리어스 웨이〉는 내가 합류했을 때 이미 상당 부분 준비가 되어 있었다. 합류하자마자 LA로 날아갔는데, 현지에서는 공동 제작자였던 마이클 파이저 프로듀서의 진두지휘 아래 미국 서부에서 촬영을 목표로 한창 프리 프로덕션이 진행되고 있었다. 내가 프로듀서로 파견된 첫 날 이승무 감독은 호텔에서 미국 작가와 함께 한창 시나리오 각색 및 콘티 작업을 하고 있었고, 주연을 맡은 장동건 배우도 이미 현지에서 액션 팀과 함께 액션 훈련을 하고 있었다. 김우형 촬영감독도 이미 현지에 넘어가 콘티 작업 및 헌팅에 참여하고 있었다. 4,700만 달러(당시 환율로 약 600억 원)라는 어마어마한 규모의 합작영화가 이렇게 미국에서 준비가 되고 있었다는 사실을 나는 상상도 해보지 못했다.

그러나, 모든 영화 제작에는 예상치 못한 문제가 생기는 법. 이미 프리 프로덕션이 시작되었지만, 영화의 투자는 아직 완결되지 않고 있었다. 투자가 안 된 영화가 프리 프로덕션을? 하고 의아해하는 분들도 계시겠지만, 소위 할리우드 인디 파이낸싱 방식으로 진행하는 영화는 이런 경우가 흔히 있다.

스튜디오가 100% 펀딩(funding)을 책임지는 스튜디오 파이낸싱 방식이 아니기 때문에 투자사가 여러 군데인 경우가 많고, 제작비 중 가장 큰 규모를 책임지는 메인 투자가 완결되기까지 투자사가 의사결정을 할 수 있도록 (앞서도 언급된) 사전 비주얼(pre-visual) 자료들의 준비가 필요한 경우도 있다. 〈워리어스 웨이〉의 경우도 투자사가 여럿이었는데 가장 큰 규모인 시티뱅크의 투자가 완결될 때까지 제작사가 제작비를 선지출하는 리스크를 지면서 준비를 하고 있었다.

그러는 동안 영화 준비는 숨가쁘게 달리고 있었다. 사막을 배경으로 한 영화인 만큼 미국 서부 뉴멕시코주에 있는 한 야외 세트장에서 촬영할 계획으로 로케이션 헌팅을 오가던 어느 날, 장동건 배우가 액션 연습 중에 부상을 당하는 안타까운 일이 발생했다. 다행히 크게 다치진 않았지만, '액션장면을 촬영할 수 있을 정도로 회복하는 데 걸리는 시간은 6주'라는 진단을 받으면서 제작진은 여러 경우의 수를 고민할 수밖에 없었고, 프리 프로덕션은 결국 올 스톱 되었다. 제작비 규모가 워낙 크다 보니 매일매일의 비용도 만만치 않았 기에 미국 현지 스태프는 해산했고, 프로듀서인 나를 포함한 감독, 촬영감독 등 함께 출장 나가 있던 한국 스태프도 모두 철수했다.

장동건 배우가 부상에서 회복하는 동안 프로듀서들은 투자 완결에 올인했 고, 공동 제작자인 배리 오스본(〈반지의 제왕〉, 〈매트릭스〉 등 제작) 프로듀서가 뉴질 랜드에서 다른 영화를 마치고 본격적으로 합류하면서 대규모 영화의 제작 여 건이 훨씬 좋은 뉴질랜드로 〈워리어스 웨이〉의 촬영지를 옮기게 되었다. 사실 LA에서 준비할 때만 해도 땡볕 사막에서 야외 세트 촬영을 한다는 것은 위험 한 도전이었고, 준비 시간도 충분치 않아 여러모로 아쉬움이 많았다. 불행인 지 다행인지 주연배우의 부상으로 모든 것을 리셋하게 되고 다른 옵션이 열 리면서 영화에는 더 좋은 환경이 찾아온 것이나 다름없었다. 더군다나 뉴질랜 드는 제작자인 배리 오스본 프로듀서에는 홈그라운드 같은 곳이었고, 〈반지 의 제왕〉을 필두로 쟁쟁한 스태프들과 함께했기 때문에 우수한 영화 인력과 인프라를 이미 갖추고 있었다.

〈반지의 제왕〉으로 유명한 뉴질랜드의 북섬 끝단에 있는 웰링턴은 웨타 (WETA) 워크숍, 파크로드 포스트 등이 위치한 세계영화의 메카이다. 우리가 잘 아는 〈아바타〉, 〈킹콩〉 등의 영화도 모두 그곳을 거쳐 탄생했다. 이곳에서 〈워리어스 웨이〉는 비로소 다시 둥지를 틀었다. 당시 피터 잭슨 감독이 대주주 였던 웨타 워크숍에서 프리 비주얼과 룩 디벨롭먼트 작업을 시작했는데, 아카 데미상 수상 경력의 스태프들이 참여를 했고, 당시 흔치 않았던 실시간 모션 캡쳐와 렌더링으로 액션 장면의 사전 시각화 작업을 진행했다. 지금은 그리 놀랄만한 일이 아니지만, 15년 전인 당시에는 변변한 모션 캡쳐 스튜디오도 흔치 않았던 한국영화인에게는 호사스럽다 못해 경이로운 일이었다. 킨셉 아트를 그리는 아트 스태프들의 그림도 확실히 수준이 달랐다. 그도 그럴 것이 뉴질랜드에서 매일 총천연색의 아름다운 자연을 보고 자란 이들이 쓰는 색감과 톤은 뿌연 미세먼지와 싸우며 자란 우리들과 다를 수밖에 없었을 것이다.

뉴질랜드로 무대를 옮기면서 영화는 땡볕 사막 야외 세트장에서 찍는 '실사영화'에서, 실내 세트장에서 90% 이상 블루스크린을 활용하는 'CG영화'로 탈바꿈되었다. 거대한 규모의 스튜디오를 다섯 채나 사용했고, 시대물이다 보니 미술팀은 말할 것도 없고, 의상팀 사무실도 2층 건물 한 채를 다 사용하는 대규모 영화가 되었다. 당시 뉴질랜드는 미국처럼 수표로 인건비를 주 단위로 지급했는데, 수표는 프로듀서가 일일이 사인을 해야 했다. 현장 스태프가 수

〈워리어스 웨이〉 현장의 스탭들

백 명이다 보니 매주 금요일마다 400장 넘는 수표에 사인을 해야 해서 팔에 근육통이 온 기억이 난다.

아카데미 후보만 11명?!

제작자 배리 오스본 프로듀서 덕분에 우리는 〈반지의 제왕〉 스태프들과 함께 작업을 하게 되었다. 〈반지의 제왕〉 미술감독이었던 댄 해나, 〈스파이더맨〉 1, 2, 3편을 모두 맡은 의상감독 제임스 애치슨 등 쟁쟁한 할리우드영화에 참여했던 화려한 스태프들과 함께했고, 그만큼 어깨도 무거웠다. 어느 날 작정하고 한 번 세어보니 참여하고 있던 스태프들 중에 아카데미 후보로 올랐던 스태프들이 11명이나 되었다. 그렇다고 한국 스태프들이 이들에 비해 뒤진 것은 전혀 아니었다. 미국에서 공부하며 오랜 준비를 거친 이승무 감독은 현장에서 신인 감독답지 않게 노련한 모습을 보여줬고, 한국에서 인기 있는 스태프로 손가락 안에 들었던 김우형 촬영감독은 특유의 인자하면서도 카리스마 있는 리더쉽으로 단숨에 촬영, 조명 스태프들을 사로잡았다. 참고로 뉴질랜드, 호주 사람들은 영국 악센트가 강하다. 김우형 촬영감독도 영국에서 공부를 했던 터라 영국 악센트가 있다. 그게 도움이 되었을까? 촬영 조명팀은 김우형 촬영감독과 놀라운 속도로 가까워졌고, 이후에도 강한 팀워크를 발휘했다.

제작자 배리 오스본과 마이클 파이저를 포함한 쟁쟁한 스태프와 배우를 한자리에 모은 제작자 이주익 대표님은 합작영화의 선두 주자로 전무후무한 케이스를 만들어 냈고, 어디를 가도 빛이 나고 자상한 카리스마를 품은 장동건 배우는 모든 현장 스태프의 사랑을 한 몸에 받았다. 이처럼 지구촌 곳곳에서 모인 스태프와 배우가 어우러진 명실공히 글로벌 프로젝트는 서서히 완성되어 가고 있었다.

영화는 제 주인을 만난 경주마처럼 잘 달리고 있었지만, 투자는 아직도 완결되지 않았다. 열심히 만들었던 프리 비주얼과 컨셉 아트 덕분에 메인 투자가 거의 결정되기 직전이었고, 미국에서 투자유치를 위해 마이클 파이저 프로듀서는 매일 밤낮으로 발로 뛰며 고군분투했다. 하지만 전체 제작비 조달은 전반적으로 원활하지 않았다. 한번은 자금이 끊겨 제작이 중단될 뻔하는 위기까지 갔다가 가까스로 시티뱅크의 메인 투자가 결정되면서 무사히 촬영에 들어갈 수 있었다. 당시 스태프들은 거의 모르고 있었지만, 프로듀서들은 뒤에서 피를 말리는 시간을 보낼 수밖에 없었다. 당시 뉴질랜드 현장에 이승무 감독과 나를 보내 놓고 한국에서 발로 뛰며 초기 제작비를 마련하느라 고군분투하셨던 제작자 이주익 대표님을 생각하면 아직도 안타깝고 감사한 마음이다.

세계적인 은행인 시티뱅크가 〈워리어스 웨이〉 제작비의 70%에 달하는 3,200만 달러를 투자한 사실은 업계에 화제가 될 만한 사건이었다. 이때는 2008년 서브 프라임 금융위기가 터지기 전이었고, 금융시장의 활황으로 돈이 넘쳐나던 때였는데, 토종 할리우드 자본이 아닌 월스트리트 발 금융 자본이 활발하게 엔터테인먼트 투자에 뛰어들고 있었다. 때마침 우리는 비용을 대는 대신에 모든 것을 다 가져가 버리는 할리우드 스튜디오가 아닌 엔터테인먼트 투자사를 찾고 있었고, 타이밍 좋게 시티뱅크에서 야심차게 설립한 엔터테인먼트 투자사인 '콘티넨탈 엔터테인먼트'의 투자를 받았다. 당시 뉴질랜드 현장도 오지 못하고 LA에서 발로 뛰며 투자유치를 진행했던 마이클 파이저 프로듀서는 우디 앨런 감독의 제작부장으로 현장 일을 시작해서 중견 스튜디오 중의 하나인 할리우드 픽쳐스의 사장까지 거친 베테랑 프로듀서였다. 뉴질랜드에서 만들어 보낸 따끈따끈한 비주얼 자료들을 들고 그는 그가 아는 모든 인맥들을 동원하여 투자유치에 힘썼다. 결국 어디서도 본 적 없는 동서양의 절묘한 조화를 통해 만들어낸 영화의 컨셉, 이승무 감독의 탄탄한 시나리오만으로 캐스팅한 제프리 러쉬와 케이트 보스워스, 그리고 제작을 책임지고 있는 배리 오스본의 월드클래스 프로듀싱 능력 등이 모두 높게 평가받아 극적인 투자가 이루어졌다.

투자 형태는 개봉 시 투자사가 최우선적으로 투자금을 회수 받는 대신에 손익분기점을 넘기면 수익 지분이 아닌 이자를 지급받는 론(loan) 형태의 투자였다. 기존 수익의 50%를 가져가는 에쿼티 투자와는 다른 형태여서, 제작자들에게는 영화가 흥행할수록 더 유리해지는 형태였다.

당시만 해도 OTT가 영화산업에 본격적으로 진입하기 전이라, 할리우드 인디 파이낸싱 영화의 승패는 북미 극장 배급에 달렸었다. 수백 억의 제작비를 리쿱(recoup)하기 위해서는 북미 시장에서의 흥행이 절대적으로 중요했고, 그 결과에 따라 전 세계 다른 모든 지역에 대한 판매가가 결정되는 양상이었다. 〈워리어스 웨이〉의 경우도 북미 시장에서 와이드 릴리즈를 목표로 제작된 영화였기 때문에 북미 배급사와의 계약이 다른 해외 지역 판권의 세일즈를 좌지우지할 수 있는 상황이었다. 통상적으로 북미 배급은 제작이 완료되기 전에 계약이 성사되기 때문에 긴 예고편이라 할 수 있는 프로모션 영상을 보고 배급을 결정한다. 제작자 마이클은 아직 촬영 중이었던 제작진이 정성스럽게 만든 10여 분 분량의 프로모션 영상을 들고 유니버설 스튜디오, 소니 등 할리우드 메이저 배급사들을 두드렸다.

그러나 아무리 패키징이 좋고 프로모션 영상이 훌륭해도 한국의 신인 감독이 만들고 있는 영화에 쉽게 백 억 이상의 미니멈 개런티와 수백 억의 'P&A(광고 홍보비)'를 투자할 만한 스튜디오를 찾기는 쉽지 않았다. 하지만 이 때도 운이 좋았는지 월스트리트 출신으로 금융 자본을 할리우드로 끌고 들어와 급부상하고 있었던 라이언 카바나 랠러티비티 스튜디오 대표가 〈워리어스 웨이〉를 좋게 봤고, 북미 1,500개 이상 스크린 개봉 조건으로 전격적인 계약이 이루어졌다. 사실상 한국의 크리에이티브로 P&A를 100% 메이저 배급사에서 부담하고 1,000개 이상의 스크린에 와이드 릴리즈 된 영화는 〈워리어스 웨이〉가 처음이었다. 앞서 언급한 〈디 워〉의 경우도 미국에서 와이드 개봉을 했지만, P&A는 제작사가 직접 부담해야 했던 케이스였다. 이렇게 산업적으로도 의미가 큰 작품이다 보니 한국에서 기대치가 크게 올라갈 수밖에 없었던 것 같다.

〈워리어스 웨이〉는 한국의 신인 감독이 직접 쓴 〈런드리 워리어(Laundry Warrior)〉라는 영어 시나리오로 출발해 처음에는 1,000만 달러 규모의 컬트영화로 기획이 되었다. 이후 다시 약 5,000만 달러 규모로 할리우드 중급영화로 만들어지기까지 정말 우여곡절도 많았고 행운도 많이 따랐다. 하지만, 한국에서도 북미 시장에서도 아쉬운 성적으로 끝날 수밖에 없었던 것은, 물론 영화 외적인 상황들이 크게 작용하긴 했지만 작품이 기대만큼 완성도가 높지 않았던 것도 무시할 수 없는 이유였다. 여기에는 여러 가지 이유가 작용했겠지만, 무엇보다 주인공이 모국어로 연기할 수 없는 상황에서 다른 배우들과 자유롭게 소통할 수 없었던 점이 크게 작용했다. 예전에도 아시아 유명 배우들이 다이얼로그(dialogue) 코치와 함께 발음을 공부한 다음, 알아들을 수 있을 정도로 연기를 해서 할리우드에 데뷔한 사례는 여러 번 있었다. 하지만 주인공으로서 두 시간 가까운 영화를 모국어가 아닌 영어로 끌고 간다는 것은 절대 쉬운 일이 아니었고, 서양 관객에게도 익숙하지 않은 영어로 연기하는 동양 배우가 어색할 수밖에 없었을 것이다.

반대로 한국 관객에게도 마찬가지였다. 늘 봐오던 장동건의 모습이 아닌 영어로 연기하는 장동건은 한국 관객에게도 생소한 느낌이 들지 않았을까? 〈워리어스 웨이〉 이외에도 프로듀서로 참여한 영화 중에 〈두 번째 사랑〉에서는 배우 하정우가 영어로 할리우드 배우 베라 파미가와 호흡을 맞추었고, 〈만추〉에서는 배우 현빈이 탕웨이 배우와 영어로 호흡을 맞추었다. 모두 모국어가 아닌 영어로 훌륭한 연기를 펼쳤지만, 동일한 목표였던 북미 시장 진출에는 한계가 있었다. 한국 배우가 영어로 연기할 필요 없이 한국 콘텐츠로 전 세계 관객들을 만나고 있는 지금은 어쩌면 이해하기 어려운 일이 됐을지도 모르지만, 그때만 해도 영어로 영화를 제작하지 않으면 세계 시장의 관문인 북미 시장에 들어갈 수조차 없었기 때문에 다른 방법이 없었던 것 같다. 돌이켜보면 이렇게 무모하기까지 했던 글로벌 프로젝트들이 도전 정신 하나만으로 끊임없이 해외 시장을 두드려 왔기에 한류 콘텐츠가 강력한 영향력을 발휘할수 있는 지금의 시대가 오지 않았나 생각해 본다.

영화 〈설국열차(Snowpiercer)
2013)는 갑자기 찾아온 기상 이변
으로 꽁꽁 얼어붙은 지구에 유일하게
살아남은 달리는 기차 안 사람들의
이야기로, 토마 롭의 프랑스 만화 『...
ranspe...
...있다. 봉...
...시 그가 즐겨 찾던 신촌의 어느...
...가게에서 우연히 이 작품을 발견...
...고는 앉은 자리에서 단숨에 전 판...
...을 다 읽었다고 한다. 그가 야심 차게
...004년부터 준비를 시작한 〈설국열...
...차〉는 2010년쯤이 되어서야 시나리...
...오가 완성되었다. 영화의 대사 80%...
...이상이 영어이며, 대부분의 배우가...
...외국인인 글로벌 프로젝트로 구상된...
〈설국열차〉는 할리우드 시스템으로...
...제작되었으며 제작비는 4,000만 달...
...러로 한국영화 제작비로서는 당시 사...
...상 최고치를 기록했다. 당시 한국영...
...화 평균 제작비가 약 40억 정도였으...
...니 무려 열 배가 넘는 한국영화 역사...
...상 초유의 예산이었다.

〈설국열차〉는 어떻게 탄생했나?

〈설국열차〉는 어떻게 탄생했나?

남종우

첫 시작

영화 〈설국열차(Snowpiercer)〉(2013)는 갑자기 찾아온 기상 이변으로 꽁꽁 얼어붙은 지구에 유일하게 살아남은 달리는 기차 안 사람들의 이야기로, 동명의 프랑스 만화 『Le Transperceneige』를 원작으로 하고 있다. 봉준호 감독은 〈괴물〉 기획 당시 그가 즐겨 찾던 홍대의 어느 만화 가게에서 우연히 이 작품을 발견하고는 앉은 자리에서 단숨에 전편을 다 읽었다고 한다. 그가 야심차게 2005년부터 준비를 시작한 〈설국열차〉는 2010년쯤 되어서야 시나리오가 완성되었다. 영화의 대사 80% 이상이 영어이며, 대부분의 배우가 외국인인 글로벌 프로젝트로 구상된 〈설국열차〉는 할리우드 시스템으로 제작되었으며, 제작비는 4,000만 달러로 한국영화 제작비로서는 당시 사상 최고치를 기록했다. 당시 한국영화 평균 제작비가 약 40억 정도였으니 무려 열 배가 넘는, 한국영화 역사상 초유의 예산이었다.

　제작을 준비하던 제작사에서 해외투자 유치를 신행했었는데, 촬영 돌입이 가까워질 때까지 다른 투자사들이 나서질 않았다고 한다. 그도 그럴 것이, 〈설국열차〉는 그때까지만 해도 대단히 모험적인 프로젝트였고, 한국 감독을 데리고 북미를 포함한 전 세계 시장을 겨냥해 400억 넘는 제작비의 영어영화를 만든다는 것이 아직은 생소할 수밖에 없던 그런 시기였다. 하지만 당시 투자와 배급을 맡았던 CJ는 이미 150억을 선투자한 상태였고, 400억이라는 초유의 제작비 투자라는 어려운 결정을 계속 진행해야만 하는 상황이었다. 제작비 규모로만 보면 아무리 봉준호 감독이라 해도 투자사 입장에서 손익 계산이 쉽게 나오지 않았지만, (한국영화 전체로 봤을 때는) 리스크가 큰 만큼 해외로 시장을 넓힐 수 있는 기회이기도 했다.

　당시 나는 CJ E&M 영화부문에서 일을 하고 있었는데, 해외 영화사업 부문 중 미국, 중국, 일본 등지에서 제작되는 글로벌 프로젝트들을 담당하는 해외투자 제작팀에 소속되어 있었다. 팀의 차석으로 양자경, 헨리 배우가 출연하고 김진아 감독이 연출하는 팬아시안 프로젝트인 〈Final Recipe〉라는 작품의 메인 프로듀서를 맡고 있었고, 그 외에도 몇 개의 글로벌 프로젝트들을 진행하고 있었다. 마침 〈Final Recipe〉 촬영 준비로 싱가폴에 출장 중이었던 나는 갑자기 우리 팀이 〈설국열차〉를 맡게 되었다는 소식을 듣고 팀장의 호출로 급히 귀국을 앞당겨 들어왔다. 알고 보니 국내 영화 부문에서 진행하던 〈설국열차〉가 본격적인 제작에 돌입하게 되면서 해외 부문 쪽으로 책임이 넘어왔다고 한다. 그도 그럴 것이 〈설국열차〉는 제작되기 수년 전부터 국내 투자팀에서 기획개발을 관리해 오고 있었지만, 사실상 글로벌 프로젝트로 궁극적으로는 해외 부문에서 책임을 맡게 될 수밖에 없는 프로젝트였다. 제작이 임박해 오고, 이제 투자 결정을 가까이 앞두면서 자연스럽게 우리 해외팀이 맡게 된 것이다. 이렇게 해서 나는 〈설국열차〉의 '투자책임'이자 프로듀서 중의 한 명으로 작품과 인연을 맺게 되었다.

파이낸싱(financing)

영화 제작비를 투자하고 회수하는 프로세스를 업계에서 흔히 파이낸싱이라 일컫는다. 국내에서 일반적으로 상업영화 한 편이 제작될 때 절반 이상의 투자와 배급을 책임지는 회사를 메인 투자사라고 부르는데, 우리가 잘 알고 있는, CJ, 롯데, NEW 등의 투자배급사가 주로 메인 투자를 맡는다. 보통은 메인 투자사가 전체 제작비 조달을 책임지고, 부분 투자사들을 모집하여 전체 투자금을 조성한다. 〈설국열차〉의 투자가 결정되던 당시 한국영화 평균 순제작비 수준은 약 40-50억 수준이었는데 〈설국열차〉의 예산은 무려 400억이었다. 거의 열 배 수준의 금액이었고, 대작의 경우에도 100억 남짓의 수준이었으니 메인 투자사인 CJ로서는 회수 방안에 대해 심사숙고하지 않을 수 없었다.

우선, (가능할지는 모르지만) 천만 관객이 든다는 전제로 'P&A(홍보 마케팅 및 배급 비용)'까지 추가로 고려할 때 국내에서 최대한 회수할 수 있는 금액은 약 200억 정도였다. 자, 그렇다면 나머지 200억은 부가 판권 및 해외 수출로 회수를 해야 하는데 당시의 상황을 고려할 때 절대 만만치 않은 금액이었다. 그때만 해도 한국영화 평균 수출 단가가 몇십 억을 넘지 못하는 수준이었으니

〈설국열차〉의 북미배급사 유치를 위해 AFM 기간에 진행한 프로모 시사회 포스터

'BEP(손익분기점)'의 관건은 결국 해외 세일즈였다. 사내 해외 배급팀에서도 한국영화의 해외 세일즈를 하고 있었으나 〈설국열차〉는 우리의 힘만으로는 역부족이라는 생각이 들었다.

마침 할리우드 준 메이저 스튜디오인 라이온스게이트에서 오랫동안 해외 세일즈로 잔뼈가 굵은 헬렌 킴이 독립을 해서 굿유니버스라는 회사를 차렸다. 다른 글로벌 프로젝트로 인연이 있었던 그와 〈설국열차〉 해외 세일즈를 함께 해보기로 의기투합하고, CJ와 굿유니버스의 팀워크로 전 세계 판매망을 공략하게 되었다.

이제 관건은 북미 배급이었다. 영어영화는 무조건 북미 배급이 잘 되어야 해외 선판매 가치가 올라가기 때문에 북미에서 어떤 배급사를 만나느냐가 대단히 중요했다. 대부분의 인디 파이낸싱으로 만들어진 영어영화는 'AFM(American Film Market)'에서 주로 판매가 된다. 참고로 AFM은 미국 LA에서 매년 11월에 열리는 세계 최대 규모의 영화 마켓 중 하나이다. 이 마켓에서는 세계 각국의 수백 개의 영화 제작사, 배급사, 투자자 등이 참가하여 영화 제작, 유통, 수출 등의 비즈니스가 이루어진다. 〈설국열차〉도 AFM에서 최종적으로 수출 실적을 올리기 위해 일찌감치 전략을 세웠다.

어느 배급사(스튜디오)와 계약을 하는 게 〈설국열차〉 프로젝트에 가장 유리할까? 그에 대한 첫 번째 답안으로 우리는 당시 미국 에이전트 업계의 양대 산맥이었던 'WME(William Morris Endeavor)'에게 에이전트 위임을 맡긴 후 할리우드의 메이저 스튜디오들과 협상을 시작해 나갔다. 〈설국열차〉는 분명 영어영화이기 때문에 미국에서는 외국영화가 아니라, '논 스튜디오(Non-Studio)', 그러니까 스튜디오에서 제작하지 않은 인디 파이낸싱 영화로 분류되었다. 그래서 메이저 스튜디오들이 자체 제작 영화 이외에도 '미니엄 개런티(Minimum Guarantee; MG)'를 내고 이러한 상업성 있는 영화를 픽업하는 시장이 존재했고, 가장 대표적인 마켓이 AFM이라고 보면 되겠다. 우선 전략적으로 AFM보다 먼저 열리는 토론토영화제의 마켓을 타깃으로 프로모션 영상을 제작해 마켓에 나갔다. 1차 목표로 토론토영화제에서 세일즈를 시작하고, 이후 계속 협상을 진행하여 최종적으로 AFM에서 목표치를 클로징한다는 계획이었다. 그 과정에서 〈설국열차〉에 가장 열의를 가지고 팔로우를 했던 배급사는 당시 할리우드 메이저 스튜디오 중 하나였던 '와인스틴 컴퍼니(The Weinstein Company; TWC)'였다.

와인스틴 컴퍼니는 하비 와인스틴과 그의 형제인 밥 와인스틴이 1979년에 설립한 미라맥스 필름이 전신으로, 수많은 아카데미 수상 경력을 보유한 작품들을 제작하고 배급했으며, 우리에게는 〈펄프픽션〉, 〈굿 윌 헌팅〉, 〈킹스 스피치〉 등으로 잘 알려진 스튜디오였다. 북미 배급을 위해 제작 초기 투자 단계부터 관심 있는 영화를 팔로우하는 회사로 유명한 TWC는 일찍부터 봉준호 감독의 〈설국열차〉를 팔로우하고 있었고, 결국 AFM에서 가장 좋은 조건을 제안해 CJ와 북미 배급 계약을 맺게 되었다.

최종 협상을 위해 산타모니카의 한 호텔에서 일요일 아침에 시작한 미팅은 자리를 옮겨가며 무려 여덟 시간 동안 지속되었다. 북미 배급권의 계약을 협상하는 데에는 미니멈 개런티 금액 이외에도, 몇 개의 상영관을 확정 지을 것인지, 배급 수수료는 얼마로 할 것인지 등 구체적으로 도출해야 하는 굵직한 조건만 열 가지가 넘었다. 각 사의 관계자 7-8명이 모여 이렇게 딜(deal) 조건 협상을 마친 이후에도, 변호사들 간의 협상이 다시 이어지고 최종적으로 이

메일로 '클로징'을 선언하기까지 걸린 시간이 총 스무 시간 정도였다. 하루 종일 대면 미팅으로 협상하고, 이후에는 호텔 방에 들어가서 변호사들과 이메일과 문자를 주고받으며 컨펌을 해줬고, 다음 날 새벽 다섯 시가 되어서야 최종 클로징을 하고 비로소 몸을 눕힐 수 있었던 기억이 난다. 한국의 영화인으로서 절대 흔히 접할 수 있는 경험은 아니었고, 힘들었지만 짜릿했던 소중한 시간이었다. 해외 제작 경험으로는 이전에 참여했던 〈워리어스 웨이〉도 있었지만, 한국의 힘으로만 만든 영화가 미국 메이저 배급사에 의해 와이드 릴리즈로 개봉하게 되는 첫 사례이기도 했기에 감회가 남달랐다.

와인스틴 컴퍼니

이후 본 계약서 협상 과정에서 첨예한 화두가 되었던 조건 중의 하나는 홀드백(holdback), 즉, 북미 개봉 이전에 다른 나라에선 개봉을 못하도록 하는 관례적인 조항이다. 배급사는 큰 금액의 미니멈 개런티를 지불하고, 몇 천개 이상의 스크린을 확보하며, 수천만 달러의 P&A 집행을 약속하는 입장이기에 당연히 북미에서 최초 개봉을 해야 한다는 입장이었다. 그것이 관례인 건 알지만 CJ 입장에서는 국내 개봉이 하염없이 미뤄지는 불이익을 감당할 수도 없는 상황이었다. 나 역시도 〈워리어스 웨이〉 북미 개봉 당시 개봉 시점이 너무 늦어져서 한국 개봉에 좋지 않은 영향을 미친 사례가 있었기에 양측의 입장을 정확히 이해할 수 있었다. 결국 한국은 홀드백에서 제외하는 쪽으로 협상을 했다. 예외가 거의 없는 조항이었지만 봉준호 감독의 〈설국열차〉는 한국에서는 잘될 수밖에 없는 영화이니 한국에서 먼저 개봉하더라도 북미 시장에서 손해 볼 게 없다는 논리로 계속 밀어붙였고, 극적으로 CJ의 입장을 관철시켰다. 이후 이러한 결정은 당연히 한국 개봉 시점을 가장 유리하게 삼을 수 있는 단초가 되었다.

하지만 이처럼 유리하게 해결된 일만 있었던 건 물론 아니었다. 와인스틴 컴퍼니와는 매우 복잡하고 어려운 상황도 겪었다. 이미 알려진 것처럼 영화의 편집본에 대한 이슈가 있었다. TWC의 대표인 하비 와인스틴은 앞서도 언급한 것처럼, 〈셰익스피어 인 러브〉로 아카데미 작품상을 수상했으며, 〈굿 윌 헌팅〉, 〈아티스트〉, 〈킹스 스피치〉를 제작한 할리우드의 절대 권력자였다. 동시에 그는 업계에서 'Harvey Scissor-hand(가위손)'라는 별명이 붙을 정도로 자신이 배급하는 영화의 편집에 깊숙히 관여하는 배급자로도 유명했다. 편집본을 본 그는 10분 이상의 분량을 드러내지 않으면 약속한 와이드 릴리즈로 갈 수 없다는 입장이 확고했다. 반면 우리는 감독의 편집본에 모두 만족하는 상황이어서 계속해서 와인스틴의 견해와 대치할 수밖에 없었다. 봉준호 감독을 지지하는 평론가들도 이미 감독 버전을 응원하고 나서는 분위기였다. 편집을 둘러싼 지난한 줄다리기와 각자의 입장 차이를 줄여보려는 무수한 노력이 있었지만, 양측 다 합의점을 찾는 데는 실패했다. 결국 우리는 와이드 릴리즈를 포기하는 대신에 평론과 영화제 그리고 언론의 힘을 믿어보기로 하고 전 세계 지역 모두 한 가지 버전으로 개봉한다는 어려운 결정을 내리게 되었다. 이렇게 되어 이후 와인스틴 컴퍼니에서는 당시 톰 퀸이 책임 맡고 있던 'TWC-Radius'라는 레이블로 배급을 진행하게 되었고, 〈설국열차〉는 와이드 릴리즈 대신 극장·VOD 동시 개봉 모델로 전환하여 개봉 준비를 시작했다.

〈설국 열차〉 아카데미 캠페인

이제는 우리 모두 영화 〈기생충〉이 아카데미 감독상을 수상한 것을 당연한 것처럼 받아들이지만, 〈기생충〉의 아카데미상 수상은 영화가 그만큼 잘 만들어졌다는 것 외에도 다른 이유를 생각해 볼 수 있다. 그중에 한 가지 중요한 사실은, 〈기생충〉은 우리에게 생소하게 들릴 수 있는 '아카데미 캠페인'에 성공한 작품이기도 하다는 것이다.

'아카데미 캠페인'이란 말 그대로 수상 가능성이 있는 영화가 실제로 아카데미 수상을 할 수 있도록 배급사에서 막대한 자금을 들여 캠페인을 진행하는 것을 말한다. 아카데미시상식은 매년 투표권을 갖고 있는 아카데미 멤버들의 투표를 통해 수상작이 선정된다. 그런데 이 투표권을 갖고 있다는 사람들도 결국 영화 업계 전문가이거나 업계에 가까운 사람들이기 때문에 미디어의 방향성에 영향을 받을 수밖에 없다.

매년 아카데미시상식 시즌이 되면 업계 주간지나 각종 미디어 관련 온라인 매체에 아카데미 광고가 실리기 시작한다. 말하자면 우리는 "이 영화를 응원한다."라는 식의 전면 광고를 게재한다든지, 또는 감독이나 배우의 인터뷰 기사들을 특집으로 다룬다든지 하는 방식으로. 여기에 더해 아카데미보다 먼저 열리는 각종 영화제에 작품을 출품해서 적극적으로 'GV(Guest Visit, 감독과의 대화)'를 하거나, 기자회견 등 매체 노출을 유도하고 여기저기서 파티를 연다. 그렇기에 아카데미 출품을 마케팅으로 활용하고자 하는 배급사들이 개봉을 앞두고 적지 않은 예산을 들여 이러한 캠페인을 미리부터 기획하는 것을 '아카데미 캠페인'이라고 한다.

당연히 〈기생충〉의 경우에도 북미 배급을 맡은 배급사 '네온(Neon)'이 앞서 칸영화제의 결과 등을 근거로 일찌감치 아카데미 캠페인을 준비한 것으로 알고 있다. 당시 이 캠페인을 주도했던 배급사 네온의 대표 톰 퀸은 공교롭게도 앞서 언급한 〈설국열차〉의 북미 배급을 맡았던 TWC Radius의 책임자이기도 했다. 〈설국열차〉 이후에 와인스틴 체제에서 독립하여 네온이라는 배급사를 차린 것이다. 그런데 여기서 재미있는 사실은 이미 〈설국열차〉 때도 톰 퀸의 주도 하에 아카데미 캠페인을 진행한 적이 있다는 것이다. 물론 〈기생충〉만큼의 규모는 아니었지만, 봉준호 감독은 〈기생충〉 이전에 이미 〈설국열차〉로 아카데미 캠페인을 경험해본 바 있다.

앞서 언급했듯이 〈설국열차〉는 북미 배급사 와인스틴에서 편집 문제로 와이드 릴리즈를 포기하고 극장과 VOD 동시 개봉 모델로 배급 방식을 전환하면서 와인스틴 산하 TWC Radius에서 배급을 맡게 되었다. 아무래도 P&A 비용을 많이 쓸 수 없는 형태이다 보니 광고비가 들지 않는 영화제나 매체 인터뷰에 의존한 마케팅을 할 수밖에 없었다. 또한 봉준호 감독이 워낙 영화제나 평론가들에게 인기가 있었고 〈설국열차〉에 대한 기대치도 영화제나 평론가 쪽이 더 높았기 때문에 자연스럽게 그런 방식으로 마케팅의 방향성이 세워졌던 것 같다. 그렇게 해서 소위 'Festival Circuit', 즉 각종 영화제를 돌며 영화를 상영하고, 인터뷰를 하고 기삿거리를 파생시키는 형태의 마케팅을 하게 되었고, 한 달 이상의 일정으로 감독과 주연 배우들의 스케줄을 확보했다.

미국은 워낙 넓고 주 단위로 문화가 다양해서 지역 영화제가 굉장히 많다.

그러다 보니 주요 영화제 몇 군데를 참여하다 보면 한 달도 빠듯할 정도로 많은 일정을 소화하게 된다. 당시 봉준호 감독은 이 모든 일정을 소화하느라 꽤나 힘들어 했던 기억이 난다. 하지만 단 한순간도 성의 없는 인터뷰를 한 적이 없을 정도로 모든 인터뷰에 열정적으로 임했고, 그때도 〈기생충〉 때와 같은 어록이 매체 인터뷰를 통해 수차례 쏟아져 나왔다. 하지만 〈설국열차〉 캠페인 당시에는 국내 관객보다는 현지 팬들과 기자들에게 더 많은 어필을 하지 않았나 싶다. 물론 그러한 모든 경험들과 노하우가 조금씩 축적되어 〈기생충〉 때에는 이미 봉준호 감독을 미국의 기성 감독으로 바라보는 시선이 만들어진 것이 아닌가 생각한다.

　〈기생충〉 아카데미 캠페인을 지켜보며 인상적인 하나의 에피소드가 떠오른다. 영화제 일정 당시 어느 기자 한 분이 〈기생충〉을 극장에서 봤다며 "이번에는 왜 한국영화를 만들었냐"는 질문을 해서 한국 언론이나 관객을 당황하게 했던 기억이 난다. 이처럼 미국의 팬들이나 기자들에게 봉준호 감독은 이미 그들에게 친근한 기성 감독이었고, 더 이상 '한국의 감독'이 아니었기 때문에 그런 질문이 나오지 않았나 생각한다.

　또한 〈설국열차〉 북미 배급팀은 틸다 스윈튼을 필두로 아카데미 캠페인을 진행하기도 했다. 당시만 해도 아카데미 캠페인의 선봉에 설 수 있는 사람은 틸다 스윈튼이 유일하다는 쪽으로 내부 의견이 모아졌고, 틸다 스윈튼을 여우 조연상에 내보내자는 취지로 캠페인을 진행했다. 물론 큰 예산은 아니었지만 나름의 캠페인을 진행했고, 결과적으로 수상까지 이어지진 못했지만 봉준호 감독의 Festival Circuit과 더불어 〈설국열차〉가 북미 관객들에게 더 많이 알려지고 개봉 후 스크린 수가 250개 이상까지 늘어나는 계기를 마련하는 데 큰 역할을 차지했다. 〈설국열차〉를 통한 봄 퀸과 봉준호 감독의 인연도 어쩌면 이후 태동할 〈기생충〉의 아카데미 수상의 전초전이 되지 않았나 생각한다.

한류 콘텐츠 제작자의 책임감

〈기생충〉 이후 〈미나리〉, 〈오징어 게임〉. 윤여정 배우의 아카데미 여우조연상 수상과 이정재 배우, 그리고 〈에브리씽 에브리웨어 올 앳 원스〉의 양자경 배우 등으로 이어지는 K 콘텐츠와 아시아 배우들의 할리우드 시상식 수상 소식은 한국에서 영화를 제작하고 있는 한 사람으로서 너무도 자랑스러운 일이다. 하지만 문화콘텐츠를 제작하는 입장에서 이제는 단순한 자랑스러움을 넘어 그만큼 책임감도 느낄 때가 되지 않았나 하는 조심스러운 생각도 든다. 〈기생충〉 아카데미 캠페인의 시발점이었던 2019년 10월, 뉴욕영화제 링컨센터에서의 〈기생충〉 상영 직후 배급사 네온의 런칭 파티에 직접 참석한 박미나 작가에게 소감을 전해 들었다.

박미나 작가는 〈기생충〉 아카데미 캠페인 파티장에 봉 감독이 도착하자 그곳의 감독, 기자, 제작자 모두가 그를 스타 모시듯 대했다고 말한다. 그리고 그 순간, 어쩌면 〈기생충〉의 오스카 수상이 정말로 가능할지도 모른다는 느낌을 받았다고 한다.

이후 〈기생충〉은 미국 배우 조합상인 'SAG(Screen Actors Guild)' 어워즈 대상인 '앙상블상'을 수상하고 내친김에 오스카 4관왕이라는 역사적인 쾌거를 이루었다. 지금 생각해도 실로 기적과 같은 일들이 벌어진 게 아닌가 싶다. 하지만 한발 물러나 지난 수십 년간 한국영화의 도전과 노력을 되짚어 본다면 그러한 결과는 단순한 기적이 아니었음이 확실하다. 비좁은 충무로 작업실에서 오랜 시간 땀과 노력과 열정을 다해 영화를 만들어 온 우리의 선배 제작자들이 있었고, 김기영, 배창호, 이명세, 이창동, 박찬욱 등 걸출한 감독의 출현과 더불어 전폭적으로 아낌없이 투자를 지원해 온 CJ와 같은 투자배급사가 있었기에 가능한 일이었다. 봉준호 감독의 아카데미 4관왕 수상은 하루아침에 일어날 수 없는, 오랜 노력이 밑거름이 되어 이루어진 결과가 아닐까 싶다.

CJ

　수많은 우여곡절 끝에 개봉을 하게 된 〈설국열차〉는 한국에서 930만의 관객을 동원했고, 전 세계 167개국에 판매되어 약 2,000만 달러의 해외 수익을 거두었다. 결과적으로 'BEP(손익분기)'를 넘긴 셈이다. 하지만 400억이라는 큰 리스크를 지고 투자를 결정했던 CJ가 없었다면 영화는 결코 만들어지지 못했을 것이다. 뿐만 아니라 CJ는 앞서 언급한 바와 같이 봉준호, 박찬욱, 김지운 감독 등 한국의 걸출한 감독들의 영화에 아낌없이 투자해 왔고, 때로는 〈설국열차〉와 같은 어려운 결정이 필요한 상황에서도 과감한 결단을 내려 투자·배급을 해왔다. 내가 근무했던 해외사업본부에서는 해외에 알릴 수 있는 'Cross-over(크로스 오버)', 'East Meets West(동서양의 접목)' 컨셉 등을 묵묵히 실현시켜 오기도 하였다. 내가 진행했던 작품들만 해도 〈파이널 레시피〉(헨리, 양자경 주연), 〈메이크 유어 무브〉(보아 주연) 등의 영어영화와, 한미합작 애니메이션 〈다이노 타임〉 등 도전적인 글로벌 프로젝트들이 있었고, CJ는 이런 시도를 아낌없이 지원했다. 당시에 투자한 모든 작품들이 좋은 결과를 가져오진 못했지만 이러한 다양한 시도들이 쌓여서 소금씩 한국엉화의 글로벌화에 기여했다. 또한 한국의 자본만으로 글로벌 프로젝트를 성공시킨 〈설국열차〉와, 중국에서 한국영화 〈선물〉을 현지화 한 〈이별계약〉 등의 투자 제작이 존재했기에 〈기생충〉의 오스카 수상이 현실로 다가오지 않았나 생각한다. 궁극적으로 〈기생충〉의 세계적인 성과가 있기까지 CJ가 꾸준히 해온 크리에이터들에 대한 아낌없는 지원과 글로벌 사업에 대한 끊임없는 시도와 노력이 분명 한국영화 발전에 커다란 기여를 했다고 볼 수 있다.

2010년 〈만추〉 리메이크의 기획은 애초에 중국에서 시작했다. 모든 영화들이 그렇듯, 개봉은 2010년이었지만 실제로 2008년부터 준비되고 있었다. 그때 ⋯⋯ 하고 있던 ⋯⋯〉,〈황비홍〉⋯⋯ 쉬커(徐克, Tsui Hark) 감독의 〈칠검〉, 유덕화 안성기 주연의 〈묵공〉, 장동건 카이트 보스워스의 〈워리어스 웨이〉 등 합작영화 제작으로 독보적인 행보를 보이는 영화사였다. 당초 제작사의 〈만추〉(2010) 기획은 오리지널 〈만추〉를 중국영화로 리메이크 하는 것이었다. 제작자였던 보람영화사 이주익대표님은 66년작 이만희 감독의 〈만추〉의 오리지널 시나리오를 쓴 김지헌 작가님과 리메이크 계약을 맺고, 원작처럼 중국에서 '기차'를 배경으로 한 고풍스러운 한중 합작영화를 기획했다.

〈만추〉 메이킹 스토리

남종우, 박미나

이 챕터는 영화 〈만추〉(2010)의 총괄 프로듀서인 남종우 PD와 한국 조감독으로 참여한 박미나 작가가 번갈아가며 작성한 제작 후일담 형식의 글이다.

〈만추〉가 사실은 다른 영화이었다는···.

남종우 2010년 〈만추〉 리메이크의 기획은 애초에 중국에서 시작했다. 모든 영화들이 그렇듯, 개봉은 2010년이었지만 실제로 2008년부터 준비되고 있었다. 그때 내가 프로듀서로 근무하고 있던 '보람영화사'는, 〈천녀유혼〉, 〈황비홍〉 등으로 유명한 서극(徐克, Tsui Hark) 감독의 〈칠검〉, 유덕화 안성기 주연의 〈묵공〉, 장동건 케이트 보스워스의 〈워리어스 웨이〉 등 합작영화 제작으로 독보적인 행보를 보이는 영화사였다. 당초 제작사의 〈만추〉(2010) 기획은 오리지널 〈만추〉를 중국영화로 리메이크 하는 것이었다. 제작자였던 보람영화사 이주익 대표는 66년작 이만희 감독의 〈만추〉의 오리지널 시나리오를 쓴 김지헌 작가와 리메이크 계약을 맺고, 원작처럼 중국에서 '기차'를 배경으로 한 고풍스러운 한중 합작영화를 기획했다. 그런데 진행 중에 생각지 않게 촬영 허가가 불발되는 사건이 벌어졌다. 참고로 중국에서는 영화 촬영 전에 촬영 허가 신청을 하는데, 이때 영화 내용에 따라 심의를 통과하지 못하는 경우가 더러 있다. 영화 내용상 결격사유가 없어도 어떤 이유로든 심의를 거절당하는 경우가 있고, 실제 이유가 정확히 뭐였는지는 알기 어려울 때가 많다. 결국 제작진은 중국에서 계속 진행을 할 것인지, 다른 곳으로 무대를 옮길 것인지 빠른 판단을 내려야 했다. 배우 또한 그대로 갈 것인지 다시 캐스팅을 할 것인지 판단을 내려야 했는데, 워낙 작품에 열의가 있고 태도가 좋았던 탕웨이 배우는 무조건 함께하기로 했고, 영화의 배경을 미국으로 변경했다. 미국으로 옮기면서 김태용 감독도 합류했다. 영화를 할 때마다 느끼는 거지만, 주인은 언제나 따로 있는 것 같다. 결국 〈만추〉는 '중국의 기차 여행' 컨셉에서 여러 과정을 거쳐 '미국 시애틀 배경의 탕웨이와 현빈의 버스 여행'으로 설정이 바뀌게 된 것이다. 그때 제작진이 사무실에서 미국 지도를 펴놓고 동부냐 서부냐를 고민하다 버스 여행이 어울리는 서부로 결정했던 기억이 난다. 총괄 PD였던 나는 제작자인 이주익 대표께 '노스 바이 노스웨스트'라는 영화사를 추천받아 곧바로 시애틀로 날아갔고, 그렇게 1년여 간의 시애틀 여정을 시작했다.

시애틀로 향하다

박미나 2011년 8월 마지막 날, 들뜬 마음으로 나는 뉴욕에서 시애틀로 가는 비행기를 탔다. 〈만추〉라는 영화에 합류하기 위해서다. 나는 미국영화 제작 현장에서 조연출 경험도 있었고 영어와 한국어가 가능했다. 내 역할은 감독을 보조하며 감독과 미국 스태프 사이에서 소통을 매개하는 것이었고, 시나리오 번역도 맡았다.

시애틀 공항에서 이미 그곳에 와 있던 남종우 PD를 만났고, 한국에서 곧 도착할 예정인 김태용 감독과 류성희 미술감독을 기다렸다. 김태용 감독과 안면은 있었지만, 작품을 함께하는 것은 처음이어서 마음이 설렜다. 남종우 PD는 이전에 〈워리어스 웨이〉에서 잠시 함께 일했던 경험이 있었고, 류성희 미술감독은 초면이었다. 이렇게 네 사람이 늦여름에 먼저 시애틀에서 만나 〈만추〉라는 영화 제작 준비에 들어갔다. 해가 질 무렵 공항에서 미니밴을 타고 시애틀이라는 도시로 가는데 왠지 마음이 벅찼다. 새 작품을 시작할 때마다 느끼는 거지만 〈만추〉처럼 로케이션 촬영에다 처음 가보는 도시일 경우에는 더 그랬다. 멀리 보이던 도시 풍경이 가까워지는가 싶더니 어느새 우리는 도심의 거리를 달리고 있었다. 하지만 이런 서정적인 감상도 잠시, 바로 현실이 닥쳐왔다. 우리 모두 배가 고팠다. 낯선 도시에서 저녁부터 해결을 해야 하는 상황이었는데 다행히 남 PD에게 히든카드가 있었다. 그가 대뜸 어디로 전화를 걸더니 두서없이 바로 "응, 저녁은 뭔가 따뜻한 거면 좋을 것 같은데?"라고 말하는 것이었다. 이런 로

남편을 우발적으로 살해한 후 집에서 도망나와 어디론가 달려가는 애나
(영화의 첫 장면 촬영 중 모니터 플레이백 화면)

애나 어머니의 장례식에 참석한 왕징(김준성)

케이션 촬영에서 가장 귀한 사람, 즉 현지인이었다. 남 PD의 고등학교 절친이 시애틀에 산다고 했다. 그분은 〈만추〉의 수호천사로 불리며 첫 대면부터 낯선 도시에 막 도착한 우리에게 어느 중국식당에서 콘지(粥)를 든든하게 먹게 해주었다. 나의 시애틀 라이프는 그렇게 시작되었다.

애나(탕웨이)는 누구?

남종우 〈만추〉에서 애나는 시애틀 이민자로 자란 중국계 미국인이라는 설정이었다. 시애틀은 미국에서 샌프란시스코 다음으로 차이나타운 규모가 큰 지역이다. 산업혁명 당시 미국 철도 산업에 중국 이민자 1세대들이 대거 항구를 통해 들어오기 시작하면서 오랫동안 형성된 중국 커뮤니티로, 미국에서 중국계 이민자들이 가장 많이 사는 지역 중 하나이다. 영화에는 나오지 않는 백 스토리지만, 여기서 자란 애나는 청년시절에 짝사랑했던 '왕징'이라는 남자가 있었는데, 결국 이어지지 못한 채 다른 사람과 결혼을 하게 되고, 의처증이 심한 남편의 가정폭력에 시달리던 애나는 왕징이 보낸 편지가 화근이 되어 크게 폭력을 당하다가 우발적으로 남편을 살해하면서 영화가 시작된다. 왕징은 나중에도 소개가 되는데, 이쪽도 저쪽도 아닌 우유부단한 남자로, 결국 다른 사람과 결혼해 놓고 계속 애나의 마음을 복잡하게 해온 남자였다. 왕징은 결혼은 다른 여자랑 해놓고 마음은 계속 애나한테 있는 것처럼 행동해, 애나를 힘들게 하는 존재로 그려진다.

시애틀에서 헌팅 중에
(왼쪽부터, 박미나 조감독, 김태용 감독, 남종우 PD, 류성희 미술감독)

Gum Wall, Seattle
© F11photo | Dreamstime.com

Freemont Troll, Seattle
© David Pillow | Dreamstime.com

헌팅과 내비게이션 그리고 '방백'

박미나 〈만추〉 제작이 중국 촬영에서 미국 시애틀로 바뀌었기 때문에, 우리 중 시애틀을 잘 아는 사람은 아무도 없었다. 김태용 감독은 시애틀 이라는 도시가 영화 속 '캐릭터'처럼 중요한 역할을 해내기를 바랐고 따라서 우리도 각자 시애틀에 대한 공부에 들어가야 했다. 두 달여 동안 먼저 모인 4명(감독, PD, 미술감독, 나)이 미니밴을 타고 도시 이곳 저곳을 돌아다녔다. 헌팅이라고 하면 영화에 나오는 장면에 적합한 장소를 보러 다니는 것으로 로케이션 부서에서 담당하는 것이지만, 아직 로케이션 매니저가 합류하기 전이어서 우리 선에서 일단 시작 했다.

우선 차를 타고 시애틀을 이곳저곳 돌아다녀 봤는데, 왠지 그 동네가 그 동네 같았다. 우리 중에 시애틀의 지리를 잘 아는 사람이 없다 보 니 내비게이션에 의존할 수밖에 없었는데, 너무 의존하다 보니 때로 는 5명이 다니는 기분이 들었다. 설정은 '미국 여성' 목소리, 그리고 왜 그랬는지는 모르겠지만 음성 속도는 2배로 했다. 그래서 늘 내비 게이션한테 야단맞는 기분이었다. 또 우리가 엉뚱한 길로 가서 내비 가 "re-calibrating(다시 측정 중)"라고 말할 때는 그 목소리가 매우 실 망스러워하는 것처럼 들렸다. 중간에 다른 설정도 해봤지만 ─영국 남성, 한국 여성, 보통 말 속도 등─ 우리에게는, 먼저 만난 2배 속도 의 미국 여성 내비가 최고의 친구였다.

영화 속의 애나와 훈도 시애틀 거리를 방황하며 관광하는 것처럼 보여서 우리도 관광 모드로 시애틀에 접근했다. 동물원에 가서 생전 처음 보는 동물(tapir)도 보고, 시애틀의 유령 도보 투어도 하고, 오리차를 타며 물 위로 땅 위로 달리기도 했다. 게다가 다른 도시에서는 한 번도 본 적 없는 껌으로 도배된 벽도 보고(안 보고 싶었다!), 다리 아래에 사는 거대한 트롤도 봤다. 여러 도시에서 로케이션 촬영을 했지만, 관광을 다닌 경우는 거의 없었는데, 〈만추〉는 관광도 일에 포함되어 매우 특별한 혜택을 누린 것 같다.

헌팅이라는 명목으로 우리의 관광 여정은 계속되었고 그러던 중 우리들 사이에 소위 '방백 현상'이 나타났다. 사전에 찾아보면 방백이란 "연극에서 등장인물이 말을 하지만 무대 위의 다른 인물에게는 들리지 않고 관객만 들을 수 있는 것으로 약속되어 있는 대사"라고 한다. 그 당시 우리에게 나타났던 방백 현상의 무대는 바로 미니밴 안이었다. 차 안에서 누군가 무슨 말을 했는데 일부러 안 듣는 게 아니라 정말 안 들리게 되는 현상이 일어났다. 그러면 말한 사람이 "아, 나 또 방백 했네"라고 미안한 듯 고백하면 "응? 무슨 얘기를 했지?"하며 다시 귀를 기울였다. 차 안에서 함께하는 시간이 길어질수록 방백 현상도 늘어난다는 법.

심지어는 이런 류의 방백 현상과 달리 보통 때라면 안 하는 행동을 하는 '행위의 방백 현상'마저 일어나기 시작했다. 스포캔이라는 도시에서 시애틀로 돌아올 때였다. 약 4시간 거리를 차로 달려오던 중 차창 너머로 감옥의 표지판 하나가 눈에 띄었다. 〈만추〉에도 감옥 장면이 나오다 보니 감독의 눈이 번쩍하며 뜬금없이 한번 들러보자고 말했다. 보통 때면 준비 없이 감옥을 방문할 생각은 하지 않았을 텐데 이날은 왠지 남 PD도 흔쾌히 그러자고 대답했다. PD가 운전대를 잡았으니 차는 표시된 대로 감옥으로 향했다. 악명 높은 미국 감옥으로…. 감옥에 가까이 갈수록 주변을 달리던 차량은 하나둘 사라지고 어느덧 우리가 탄 미니밴만 분위기 으스스한 길을 달리고 있었다. 그런데 어디서 나타났는지 낯선 차 한 대가 미니밴의 뒤꽁무니를 바짝 따라오는 것이었다. "어? 저 차 뭐지?" 그 말에 PD는 낮은 목소리로 조금 전부터 따라오고 있었다고 대답했다. 그럼에도 우리는 겁 없이 차를 세워 주차하고 감옥으로 향했다. 우리를 따르던 그 낯선 차량은 조금 떨어진 곳에 차를 세우더니 아무도 내리지는 않은 채 우리를 계속 주시하고 있었다. 감옥 안은 조용하고 인적이 없었다. 주위를 둘러보니 한쪽에 사무실 같은 곳이 보였다. 사무실을 향해 걷다 보니 오른쪽으로 큰 창이 나오고 창 반대쪽으로 넓은 방이 보였는데 그 방은 남자들로 가득 차 있었다. 나는 서둘러 시선을 돌렸지만, 순간 온몸이 오싹해지는 것 같았다. 사무실에 도착하자 통역을 맡은 내가 나서서 의사를 전달했다. "우리는 감옥 장면이 있는 영화를 준비하고 있는데, 우연히 지나가다가 감옥이 있길래 한번 들러보고 싶어서 이렇게 들어오게 되었다."

물론 우리는 일면에 거절당했고 지체없이 그곳을 빠져나왔다. 때로 영화일을 하다 보면 이렇게 잠시 현실감각이 떨어져서 용감해지는 법도 있다.

대한민국 대표 스태프

남종우 〈만추〉는 그야말로 대한민국 영화 대표 스태프들의 구성이었다 - 촬영감독 김우형(〈1987〉, 〈암살〉, 〈고지전〉), 미술감독 류성희(〈아가씨〉, 〈마더〉, 〈괴물〉, 〈올드보이〉, 〈살인의 추억〉), 분장 송종희(〈인랑〉, 〈괴물〉, 〈친절한 금자씨〉, 〈올드보이〉), 의상 조상경(〈신과함께〉, 〈달콤한 인생〉, 〈친절한 금자씨〉, 〈올드보이〉). 소위 봉박김(업계에서 봉준호, 박찬욱, 김지운 감독을 일컫는 줄임말)이 주로 찾는 스태프들, 거기에 〈8월의 크리스마스〉로 유명한 조성우 음악감독까지…. 작품의 PD로서, 이 스태프들의 섭외가 가능했던 이유는 우선 역사적인 걸작인 이만희 감독의 〈만추〉 리메이크라는 점이 있었지만, 무엇보다 김태용 감독의 영화라는 점도 큰 작용을 한 것 같다. 김태용 감독을 흥행 감독이라 할 순 없지만 스태프나 배우들 모두 너무 좋아하는 감독이어서 배우와 스태프 캐스팅이 잘되기로 유명하다. 여기에 한국과 미국의 문화 차이를 해결해 줄 수 있는 전문가 박미나 조감독까지 합류하면서 가히 완벽한 세팅이 되었다. 이 부분은 미국에서 스태프들을 캐스팅하는 데도 크게 도움이 되었다. 2009년 당시 미국에서는 한참 봉준호, 박찬욱, 김지운 감독의 영화들이 인기를 끌기 시작하던 때였는데, 〈마더〉, 〈박쥐〉, 〈괴물〉, 〈올드보이〉, 〈살인의 추억〉 같은 영화들에 열광했던 미국 독립영화 스태프들에게는 그 작품들에 참여했던 이 스태프들이 거의 신과 같은 존재들이었다. 덕분에 너도나도 참여하겠다고 지원을 해서 미국 스태프들을 꾸리는 건 그렇게 어렵지 않았다. 비로소 〈만추〉는 한국영화

류성희 미술감독과 김우형 촬영감독 (《만추》 현장)

문닫은 놀이공원에서의 헤어지는 연인들을 바라보며 목소리 더빙을 해보고 있는
탕웨이와 현빈 배우 ⓒ김춘호 작가

인들로 이루어진 헤드급 스태프들과 미국 현지 스태프들로 구성된 완벽한 한미 합작영화의 틀을 갖추게 되었다.

김태용 감독의 매력

남종우 탕웨이는 배우로서 극중 애나 캐릭터를 이해하기 위해 노력을 굉장히 많이 했고, 그럴수록 배우로서 집요하게 감독을 괴롭혔다. 제작 준비기간 동안 거의 매일 사무실에 찾아와서 감독한테 질문 공세를 했고, 고민을 털어놓고, 밤 늦게까지 리허설을 하다가 돌아가곤 했다. 사실 김태용 감독은 누가 봐도 참 매력적인 사람이다. 바둑이 같은 눈망울엔 악의가 전혀 보이지 않고, 쳐다보고 있으면 자꾸 뭐라도 주고 싶게 하는 그런 인상인데다, 그때만 해도 너무 살이 많이 빠져서 불쌍해 보이기까지 했다. 영화 현장에서 감독과 PD의 다른 점은, 감독은 늘 뭔가를 요구하는 자리에 있고, PD는 늘 들어주거나 거절하는 역할을 한다는 것이다. 그래서 김태용 감독의 이런 점은 PD를 참 힘들게 했다. 그가 요구하는 건 뭐든 들어줘야 할 것 같은 마음이 들게 하는 캐릭터였기 때문이다. 하지만, 무엇보다 그의 가장 큰 매력은 끊임없이 영화를 생각하고 고민한다는 점이다. 카메라가 돌아가기 직전까지 고민하는 스타일이라고 할까? 물론 모든 감독들이 그렇긴 하지만, 정말 조용하고도 치열하게 끝까지 고민하는 스타일이다. 〈만추〉의 대표적인 신 중 하나인 '놀이공원 더빙' 신과, 바로 연결되는 '시장 달리기' 신도 사실 하루 이틀 고민해서 만들어진 신이 아니다. 로케이션 헌팅 중에 실제로 문 닫힌 놀이공원을 우연히 보게 되었고, 거기서 훈(현빈)과 애나의 범퍼카 장면을 구상했다. "이 지점에서 애나가 드디어 말이 터지면 좋겠다…. 한 남녀의 이별을 우연히 목도하게 되는 장면을 통해 애나의 감정을 살짝 드러내 보자."(김태용 감독) 그러기 위해 더빙 아이디어가 들어왔고, 갑자기 말이 터진 애나, 그런 뒤 창피하고 어색한 마음에 애나가 문 닫은 시장 안을 뛰게 만들고, 훈도 쫓아가고, 뭔가 후련해진 마음 끝에 결국 시장에서 자신의 과거를, 그것도 중국말로 털어놓게 되는…. 이런 연결이 자연스러울 수 있었던 것은 끝까지 치열하게 고민하는 감독의 태도에서부터 나오는 게 아닐까 싶다.

사실 김태용 감독의 이런 점이 꼭 좋은 것은 아니다. 계속해서 고민한다는 건 끝까지 결정을 안 한다는 단점이기도 하다. 감독의 결정이 있어야 준비하고 움직이는 스태프에게는 굉장히 힘든 부분인 셈이다. 실제로 미국 스태프와 프리 프로덕션에 들어가면서 라인프로듀서를 맡은 미샤(Mischa)한테 50페이지 밖에 안 되는 시나리오를 주면서 준비하자고 했더니(보통 일반적인 시나리오는 약 120페이지 정도 된다), "이거 갖고 촬영 준비를 어떻게 하자는 거나?"는 답이 돌아왔다. 그래서 나는 "한국에선 그렇게 하는 경우가 종종 있는데 가능하다." 그리고 "김태용 감독은 촬영 들어가서도 필요하면 시나리오를 계속 바꿀 거다. 나 믿고 촬영 10회차까지만 따라와 달라, 그리고 나서 얘기하자. 그때 안 되겠으면 스태프들 다 데리고 그만둬도 좋다."라고 말하고 결국 그렇게 준비를 들어갔다. 실제 촬영에 들어가서도 찍는 동

현장에서 콘티를 보며 다음 촬영할 썬을 고민하고 있는 김태용 감독

영화 〈만추〉의 미국 현지 스태프들

안 촬영 셋업이 바뀌거나 촬영 순서가 바뀌는 일이 다반사였다. 촬영 기간에도 감독은 매일 밤 시나리오를 수정한 걸로 기억한다. 그런데 정말 놀라운 반전이 일어났다. 준비하는 동안에는 정보가 너무 없어 힘들어했던 제작 연출부가 현장에서 10회차 정도 지나니까 얼굴에 화색이 돌기 시작한 것이다. 기계적으로 각자의 역할만 하는 미국 시스템에 익숙했던 스태프들이 감독과 함께 같이 만들어 가는 '한국식' 시스템에 동화되고 매력을 느끼기 시작한 것이다. 이 사건은 현지 스태프에게 영화 촬영이 끝난 후에도 두고두고 회자가 되었다.

박미나 뒤돌아보면 김태용 감독의 연출 방식은 미국영화 촬영방식, 특히 미국 인디영화(저예산 영화) 제작 과정과는 많이 다르다고 볼 수 있다. 미국영화 제작은 간략히 얘기하면 프리 프로덕션 기간에 모든 촬영 일정과 세부사항에 대한 준비를 최대한 완료하는 방식이다. 한국영화 제작 현장에 익숙한 사람이 보면 너무 융통성 없이 보일 수 있을 것이다. 한국영화는 프리 프로덕션부터 전 제작 과정에 연출부가 전적으로 감독을 보좌하는 시스템이어서, 감독의 요구를 그때그때 상황에 맞게 맞춰나갈 수 있다. 하지만 미국영화는 연출부가 감독이 아닌 제작부에 소속되어 있어서 감독은 프리 프로덕션 단계에서 연출과 촬영 장면들에 대해 미리 완전히 준비하지 않으면 안 된다. 그렇게 해야만 현장에서 감독이 오히려 더 자유를 발휘할 수 있는 방식이다. 어느 쪽이 더 좋다고 말할 수는 없고 단지 그 접근방식이 다른 것 같다. 한·미 합작영화는 미국과 한국의 다른 연출과 촬영, 제작 방식 사

마지막씬 촬영 중인 탕웨이 배우

탕웨이 배우에게 마지막씬의 감정을 설명하고 있는 김태용 감독

이에서 불협화음이 일어날 수도 있었다. 하지만 역으로 그 차이점을 잘 극복해 나간다면 오히려 훨씬 더 창의적인 좋은 결과가 나올 수 있기도 했다. 당연히 〈만추〉는 후자였다. 왜냐면 한국 스태프든 미국 스태프든 모두가 서로를 존중했고, 감독을 중심으로 좋은 작품을 만들고 싶은 마음이 컸기 때문이다.

이것을 한 마디로 표현해 준 라인프로듀서 미샤의 말이 생각난다. 현장에서는 보통 감독의 모습은 모니터 뒤에서나 볼 수 있다. 흔히 제작 현장에서 감독의 목소리가 제일 클 것으로 생각하지만, 실제 목청을 돋우는 사람은 주로 조감독이다. 〈만추〉 현장에서도 김태용 감독의 목소리는 거의 듣지 못했다. "슛"하고 "컷"한 다음에는 스태프 모두가 조용히 기다린다. 김태용 감독이 모니터링하고 있기 때문이다. 한 번 더 찍을 것인지 아니면 "오케이"가 나오고 다음 컷으로 넘어갈 것인지. 모니터를 보고 있던 김태용 감독이 "오케이" 하면 이어서 내가 무전기로 "Good for Taeyong"이라고 말한다. 그러면 메건(Megan, 조감독)이 다시 현장의 스태프들이 다 들을 수 있게 큰 목소리로 "Good for Taeyong"이라고 하는 것이다. 그런 과정을 거쳐 현장 스태프들은 다음 샷 준비로 넘어간다. 라인프로듀서였던 미샤가 쫑 파티에서, "우리 모두는 늘 'Good for Taeyong'을 기다렸죠. 그리고 그 말이 들려오면 너무 좋았어요"라고 말한 기억이 난다. 결국 한국과 미국의 제작 방식의 차이 보다는 김태용 감독을 중심으로 양쪽 스태프들 모두가 한마음이 됐고 그 마음은 "Good for Taeyong"이 되길 바라는 것이었다.

김태용감독 + 탕웨이 = ♥

박미나 〈만추〉에서 만난 김태용 감독과 탕웨이 배우는 세간의 관심을 불러 일으켰고 이후에 사랑에 빠져 결혼까지 했다. 그러다 보니 주위 사람 들이 간혹 호기심을 감추지 못하고 그 아름다운 여배우와 매력적인 영화감독에 대해 물어보기도 하는데, 그들의 사랑 이야기는 〈만추〉 촬영 후에 시작됐다. 그렇다면 현장에서 감독과 배우 사이의 관계는 어땠던가?

〈만추〉를 만드는 과정에서는 김태용 감독, 주연 배우 탕웨이와 현빈, 그리고 나 이렇게 넷이 함께 준비하는 경우가 많았다. 리허설할 때 도 주로 우리 넷이었다. 영어가 모국어가 아닌 세 사람이 영어로 된 시나리오를 연출하고 연기한다는 것 자체가 특이한 상황이었다. 그 런데 감독과 두 배우 모두 영어가 모국어는 아니었지만, 영어 실력 은 뛰어났다. 그러다 보니 처음에는 내가 통역을 많이 했지만, 시간 이 갈수록 오히려 통역이 방해가 되는 것처럼 느껴졌다. 특히 탕웨이 는 중간 매개 없이 감독의 말을 직접 듣고 싶어 했다. 작업의 심도가 깊어짐에 따라 서로 공감하는 부분이 확장되어 갔고, 촬영 현장에서 굳이 언어를 매개한 부연 설명이 필요 없는 상황이 만들어졌다. 크랭 크인이 시작된 지 얼마 지나지 않았을 때의 일이다. 어느 장면을 찍 는데 모니터 뒤에서 지켜보던 김태용 감독이 내게 "이번 테이크 끝 나고 가서 얘기 좀 나누죠"라고 말했다. 테이크가 끝나고 나는 감독 과 함께 탕웨이에게 다가갔다. 그때 탕웨이도 기다리고 있었다는 듯

감독을 쳐다보았고 이에 감독이 "This time…. Uh, you know…. (이번에는…. 뭐, 그런 거 있잖아요….)"라고 말을 꺼냈다. 그러자 탕웨이가 곧 바로 "Yes, I know.(네, 알아요.)" 하고 대답하는 것이었다. 감독은 "Okay!!" 하고 돌아서며 모니터 쪽으로 다시 향했고, 나는 속으로 '우와, 이젠 그냥 통하네' 하고 감탄하고 있었는데 김태용 감독 목소리가 들려왔다. "글쎄 뭘 안다는 거지? 나도 모르겠는데?"

돌아보면 내가 만났던 김태용 감독과 탕웨이 배우는 감수성이 풍부하고 상황을 꿰뚫어 보며 단박에 본질에 다가서는 직관력이 뛰어난 사람들이었다. 그래서인지 그들은 감독과 배우로서 환상적인 콤비가 되어 마음을 하나로 모아나가며 어려운 조건 속에서 〈만추〉라는 영화를 만들어 내었다. 아마도 그런 과정을 통해 쌓아 올린 굳건한 연대가 〈만추〉 개봉 이후에 둘 사이에 자연스럽게 아름다운 사랑으로 꽃피게 된 건 아닐까 하고 생각해 본다.

크랭크인하기 참 어렵네

남종우 다른 나라도 그렇지만 특히 미국의 영화산업은 여러 개의 조합에 의해 돌아간다고 해도 과언이 아니다. 배우조합, 작가 조합, 스태프 노조, 운송 노조 등 미국에서는 조합의 영향권을 벗어나서는 영화 제작이 거의 불가능하다고 할 정도로 유니언(union) 시스템이 오랫동안 고착되어 있다. 그중 가장 오래되고 힘이 센 조합이 바로 미국에서 마차가 다니던 때부터 존재한 운송노조 "팀스터 유니언"이다. (영화 〈아이리시맨〉에도 소개된 바 있다) 어느 곳에서나 그렇듯이 유니언은 스태프의 권익을 위해 존재한다. 때문에 예산과 일정을 책임져야 하는 제작자 입장에서는 반가울 수만은 없다. 특히 당시 팀스터의 경우 노조원이 한 명이라도 참여한 영화는 다른 스태프들까지 모두 해당 노조에 가입하게 만들고, 가입하지 않으면 촬영 현장에 와서 큰 소음을 내며 시위를 해서 촬영이 사실상 불가능하게 하는 악명 높은 노조였다. 하지만 모든 운송 관련 스태프를 이것저것 더하면 일당이 하루 백만 원이 넘는 스태프로 교체하기에는 예산이 턱없이 부족했다. 결국 팀스터는 제작진에 결정적 타격을 안겼다. 현지 제작 대행을 맡았던 '노스 바이 노스웨스트' 제작사는 워싱턴주 인근에서 팀스터 유니언에 가입하지 않고 오랫동안 버텨온 것으로 유명했다. 그래서 이 제작사에서 제작하는 영화들은 팀스터의 영향권을 피하기 위해 시애틀에서 촬영하지 않았다. 하지만, 〈만추〉는 시애틀 로케이션을 포기할 수 없었고, 팀스터와 정면 충돌할 수밖에 없었다. 결국 이것 때문에 '노스 바이 노스웨스트'는 하차하게 되었고, 나는 다급히 회사와 논의한 끝에 워싱턴주에 현지 법인을 세우고 임시 제작사를 만들어 대응했다. 하지만, 영화 자체가 '팀스터 노조 영화'가 되면 어마어마한 예산을 감당할 수 없었다. 일단 1-2명 정도만 노조원을 고용하는 쪽으로 협상을 했고, 끝내 협상이 타결되지 않아 크랭크인 첫날, 피켓 시위를 피할 수 없었다. 다행히 첫날 피켓 시위는 조용히 이루어졌고, 노조위원장과 나는 아침부터 현장 근처 식당에 앉아 협상을 계속했다. 결국 3명의 노조원을 고용하는 것으로 협상을 마무리하고 점심시간에서야 극적으로 계약서에 사인을 했다. 나중에 알았지만 내가 그러고 있는 동안 스태프들은 촬영을 하는 내내 언제 중단될지 몰라 마음을 꽤나 졸였다고 한다. 이 일 때문에 촬영 전부터 고생하며 로케이션을 담당했던 로케이션 매니저 데이브는 결국 촬영 첫 날에 〈만추〉 현장을 떠나야 했다. 당시 미국 스태프들은, 운송파트 빼고는 모두 'IATSE' 노조 멤버들이었는데, 데이브는 팀스터 노조에 가입되어 있었다. 그러다 보니 당시 팀스터와 경쟁 구도에 있던 IATSE에 섞여서 일을 하면 팀스터의 제재를 받을 수 있었고, 어쩔 수 없이 현장을 떠나게 되었다. 한국에서는 상상도 못할 일이지만, 미국은 영화시장이 오래된 만큼 유니언 관계도 매우 복잡하다. 이렇게 복잡하다 보니 미국영화가 캐나다, 뉴질랜드 같은 해외에서 촬영되는 일도 다반사이다.

박미나 그래서 그런지, 크랭크인 날이 정말 감동적이었다. 그날 아침까지도 팀스터들이 시위를 할지 안 할지 몰라서 모두가 긴장의 끈을 놓을 수 없었다. 마음을 가라앉히려고 뱉어내던 스릴 넘친다던 말은 농담이었을 뿐 나 자신도 감히 "cross the line"할 자신은 없었다. 뒤돌아보면 내가 일했던 작품 중 가장 극적인 크랭크인이었고 그 여정에서 최소한 3번 정도 영화가 엎어질 위기에 놓였던 것으로 알고 있다. 시애틀에서 열심히 준비하고 있던 중 한국에서는 이미 〈만추〉가 엎어졌다는 소문이 돌기도 했고 또 너무 어이없게도 지역 간 이권 싸움에 걸려서 확인 절차를 다 끝내고 트럭에 실었던 장비를 3시간 만에 다시 반납하는 해프닝도 있었다. 지금 얘기지만 너무 마음 아팠다. 그런 일들을 겪어내고서 맞이했던 크랭크인 날, 눈물나게 기뻤다.

만추는 3개 국어 영화(?)

남종우 배경을 미국으로 바꾸면서 〈만추〉는 더 이상 중국영화가 아닌 '하이브리드'라는 키워드로 기획 방향을 바꾸게 된다. 하이브리드라는 말인즉슨, 〈만추〉는 "미국에서는 미국영화로, 한국에서는 당시 핫했던 현빈이 주인공인 한국영화로, 중국에서는 탕웨이가 주연인 중국영화로 볼 수 있는 영화로 만들어 보자"라는 야심찬 포부로 출발했다. (탕웨이가 출연했다 해도, 자국영화가 아닌, 수입영화로는 중국에서 개봉이 가능할 것으로 판단했다.) 결국 결과는 미국에서 아트영화로 포지셔닝 되었고, 한국에서는 기대에 못 미치는 결과였지만, 이후 중국에서만큼은 다행히 흥행에 성공했다. 이렇게 3개국을 타겟팅하다 보니, 극중에서의 언어도 신경을 많이 쓸 수밖에 없었다. 미국에서 벌어지는 이야기니까 당연히 영어가 기본이 되었고, 주인공 둘 다 네이티브가 아니다 보니 어디에서도 이방인 느낌이 나게끔 연기해야 했다. 탕웨이는 가족들이 나오는 장면들이 있어서 중국어가 자연스럽게 들어갔고, 현빈도 중간중간에 한국 사람들을 만나거나 통화하는 장면을 통해 나름 한국어 분량을 확보했다. 이 얘기를 군이 길게 하는 이유는, 당시만 해도 미국 진출이다, 글로벌 프로젝트다 해서 한국 배우에게 무리하게 영어로 연기를 시키는 게 답이라는 생각을 하던 시기였다. 그래

극중 서로 영어와 중국어로 대화하고 있는 현빈 배우와 탕웨이 배우 ©김춘호 작가

서 거기서 오는 어색함을 덜기 위해 조금이라도 자국어로 연기할 수 있는 분량을 확보해서 배우의 연기력이 제대로 발휘될 수 있도록 노력하기 시작했던 시기이기도 하다. 바로 이전에 내가 프로듀서로 참여했던 〈워리어스 웨이〉에서는 장동건 배우가 처음부터 끝까지 영어로 연기를 했는데, 배우가 모국어가 아닌 언어로 연기를 하면, 어쩔 수 없이 부자연스러워질 수밖에 없다는 걸 많이 느꼈다. 이 고민을 김태용 감독이 어느 정도 해결해 준 지점이 바로 '문닫은 수산시장에서의 탕웨이 중국어 신'이었다. 개연성은 좀 떨어지지만, 영화적으로 충분히 뒷받침되는 상황에서 탕웨이 배우가 마음껏 중국어로 연기하는 모습은 관객에게도 안정감을 느끼게 해주었다.

박미나 〈만추〉에 3개 국어 영화라는 수식이 붙는 것은 이 영화 시나리오상의 대사에 3개 국어가 쓰였다는 뜻이다. 그리고 앞서 언급한 것처럼 시나리오는 촬영이 시작된 이후에도 계속 변화하고 수정되었다. 어느 날은 새벽까지 감독과 다음 날 촬영분을 수정하고 그것을 다시 영어로 번역해서 미국 조감독한테 메일로 보낸 후에야 겨우 눈을 붙일 수 있었다. 아침에 미국 조감독은 그것을 시나리오 포맷팅을 맞춘 후 미국 제작부(POC)에 전달했고, 제작부는 그걸 미국 스태프에게 배부했다. 나는 그날 잠이 좀 덜 깬 상태로 현장으로 갔는데 어디선가 어두운 그림자가 나타나서 나를 내려다보며 쪼아대는 기분이 들었다. 나는 잠시 그 어두운 그림자를 외면하다가 결국 말을 했다. "아, 몰라요~. 감독님한테 가서 얘기해요." 하고 도망쳤다. 새벽에 수정한 부분이 훈 파트였는데 현빈 배우에게 없던 영어 대사가 밤 사이에 반 페이지 분량이 새로 생겨났던 것이다.

영어 대사는 그래도 내가 직접 해결할 수 있었지만, 중국 대사는 너무 어려웠다. 중국어 대사는 하나당 4파트로 나뉘었다: 한문으로 된 원 대사, 한글로 번역된 대사, 영어로 번역된 대사, 중국말이 소리 나는 대로 적힌 한국말 대사. 이러다 보니 때로는 중국어 대사 하나가 시나리오 한 페이지를 다 차지할 때도 있었다. 이렇게 중국어 대사 때문에 어려운 점도 많았지만, 솔직히 재밌는 면도 있었다. 결과적으로 〈만추〉가 3개 국어 영화여서 독특한 매력과 보다 풍부한 느낌을 지니게 되었고, 고생은 했지만 뿌듯한 마음이 가장 크다.

중국인 단역들 교체 사건

남종우 〈만추〉에서 탕웨이 배우는 시애틀 인근에서 자란 중국계 미국인 (Chinese American)으로 나온다. 복역 중에 어머니가 돌아가시고, 장례식 참석을 위해 휴가를 나와 어머니의 집으로 돌아왔을 때 가족들은 반가운 마음보다 어머니 장례와 유산(집) 정리에 마음이 바쁘다. 애나 (탕웨이)가 필요했던 것도 상속자인 그녀에게 동의서를 서명받기 위해서였다. 거기에 아이들까지 여기저기 뛰어다니고, 빈소, 장례식장까지 이어지는 이 왁자지껄한 가족들의 연기는 당연히 자연스러워야 했다. 하지만 시애틀에서 중국인이면서 전문 배우를 찾는 것은 쉽지 않았다. 많은 에이전시들을 통해 오디션을 했고 어렵게 배우들이

영화 〈만추〉에서 애나의 가족들을 연기한 중국인 배우들

모였는데, 촬영 전 리허설을 하던 중 조금 이상한 느낌이 들었다. 뉴욕에서 광고 제작 일을 할 때 중국어로도 광고를 촬영했던 경험이 있던 나는 중국어를 알아듣지는 못해도 발음·억양이 자연스러운지는 어느 정도 알 수 있었다. 뭔가 어색한 느낌이 불안해서 당시 LA에 머물고 있었던 지인, 김정중 감독을 급히 모셨다. 재중 교포 출신으로 현장에서 중국인들을 통솔하며 연출을 돕고자 합류했던 김 감독은 단번에 이분들이 대부분 이민 2, 3세, 그러니까 말은 하는데 마치 애기처럼 말을 하거나 발음이 이상하거나 정상적이지 않다는 걸 알아차렸다. 결국 그대로 가기에는 무리가 있었다. 〈만추〉는 '하이브리드' 영화였기 때문에 중국에서의 흥행도 중요했고, 절대 그 부분을 포기할 수 없었다. 결국 촬영 며칠 전에 중국인이 훨씬 많이 살고 있는 LA로 급전을 쳤고, 김태용 감독과 바로 날아가서 거기서 오디션을 해 주요 조단역을 모두 새로 캐스팅했다. 결과는 확실히 달랐다. 그때 그렇게 하지 않았다면 자긍심이 강한 중국에서의 흥행은 꿈도 꾸지 못했을 것이다.

세상에서 가장 희한한 한식

박미나　여행을 가도 그 나라의 음식이 입에 맞지 않으면 힘든 것처럼 로케이션 촬영의 가장 힘든 부분 중 하나가 음식인 것 같다. 그래도 프리 프로덕션 기간 동안에는 시애틀 시내에 하나 있는 한국 식당을 이용하거나 숙소 주위에 있는 몇몇 음식점의 단골이 되기도 했고, 해산물이

싱싱하고 맛있는 것으로 유명한 이 도시에서 장을 보고 음식을 해 먹기도 했다. 그러나 촬영을 시작한 후에는 거의 밥차, 즉 케이터링에 의존할 수밖에 없었다. 영화 촬영장에 케이터링을 제공하는 것은 쉬운 일은 아니다. 몇 십명부터 때로는 100여 명 분의 식사를 매일 제공하는 것이 그렇게 만만치는 않다. 그럼에도 어떤 현장에서 먹은 밥차는 정말 맛있기도 했는데, 하지만 복불복이라고 안타깝게도 〈만추〉는 그중 하나가 아니었다.

미국에서 사는 내 입맛에도 〈만추〉 케이터링은 그렇게 나쁘지는 않다 싶은 정도였다. 그런데 한국에서 온 스태프들은 날이 갈수록 점점 음식 때문에 힘들어하는 눈치였다. 이런저런 얘기가 케이터링 담당자 귀에 들어 가게 되었는지 어느 날 도저히 잊을 수 없는 점심 식사가 나왔다. 나름 한국 음식을 도전한 것이었다. 분명히 밥도 있고 반찬 같은 것도 있었는데 솔직히 그건 기억도 안 난다. 오직 내 기억 속에 각인된 것은 무슨 벌거스름한 정체불명한 국 같은 것이었다. 애를 쓰는 마음은 고마웠지만 웬만한 걸 다 먹는 나도 먹기 힘들었다. 이러다가는 한국 스태프 뿐만 아니라 미국 스태프까지 굶게 생겼다. 앞으로 어떻게 해야 하나 걱정스러운 마음으로 다음 날 식사 장소로 갔을 때 어찌된 건지 한국 스태프들이 아무도 보이지 않았다. '응?' 무슨 일이지?' 했는데 다음 날도 상황은 마찬가지였다. 나는 다음 식사 시간이 다가오자 식사 장소로 가지 않고 조용히 한국 스태프들의 뒤를 따라갔다.

미국 현장에 밥차를 담당하는 케이터링이 있다면, 간식과 음료를 담당하는 크래프트 서비스도 따로 있다. 보통 줄여서 '크래프티'라고 부른다. 〈만추〉의 크래프티는 Pisay Pao라는 귀엽고 사랑스러운 아시안 여자였는데 원래 배우를 지망했고, 크래프티는 처음 해 본다고 했다. 참고로 나도 인디영화에서 크래프티를 몇 번 해봤는데 보기보다 쉬운 일이 아니었다. 물론 잘하면 스태프들에게 아주 사랑받는 자리가 될 수 있다. Pisay는 사랑받는 정도가 아니라 한국 스태프들을 먹여 살린 은인인 셈이었다. 한국 스태프들이 음식이 안 맞아서 점심을 거의 못 먹고 있다는 얘기를 듣고 Pisay는 점심 식사 때마다 한인 마트에서 사온 컵라면, 김치, 햇반 등을 활용해 나름의 노하우로 아시안 케이터링을 시작했다. 그래서 한국 스태프들은 점심 시간이 되면 Pisay 쪽으로 가서 점심을 먹고 있었다.

보통 크래프티는 촬영 현장 주위에 테이블을 세운 후, 그곳에 모든 간식과 음료를 설치하고 부족하면 다시 채우는 식으로 운영한다. 그래서 크래프티 테이블과 촬영 현장 간 거리가 좀 떨어질 수 있었고 어떤 경우는 꽤 멀어질 때도 있었다. 때문에 늘 시간에 쫓기던 나는 쉽게 크래프티 테이블까지 가지 못할 때가 많았다. 그런데 Pisay는 현장에서 일하는 스태프들이 조금씩 피로감을 느끼거나 지금쯤 딱 당을 보충하면 좋을 것 같은 느낌이 스멀스멀 오를 때면 음식을 담은 트레이를 들고 직접 현장에 나타나기도 했다. 그녀 덕분에 나도 〈만추〉 촬영만큼 크래프티를 즐긴 적은 없었던 것 같다. 지금도 Pisay를 생각하면 저절로 미소가 떠오른다. 아마도 그녀는 〈만추〉 현장에서 가장 사랑받는 사람이었다. Pisay는 몇 년 후에 〈Z Nation〉이라는 미드에 캐스팅되었고, 지금까지 배우로 활동하고 있다. 그러고 보면 Pisay의 크래프티를 경험한 우리는 특권을 누린 셈이다.

명장면은 그냥 나오는 것이 아니다

남종우 〈만추〉에서 뭐니뭐니해도 가장 명장면은 '포크신'이라 할 수 있다. 겉보기에는 단순한 객기로 시작된 두 남자의 싸움처럼 보이지만, 애나가 왜 감옥에 가게 되었는지도 모르는 왕징에게, 그리고 유산을 어떻게 나누느냐에만 온통 몰두하고 있는 가족들에게 서운했던 애나의 감정을 폭발하게 도와주는 훈의 이야기이다. 내가 본 관객들의 반응 중에 이 장면을 가장 재밌게 호응해 준 관객들은 토론토영화제의 관중들이었다. 이 한 신을 보면서, 그러니까 관객들이 박장대소하며 웃다가 갑자기 훌쩍훌쩍 우는 장면을 보면서 나는 되새겼다. "에이⋯. 이제 영화 일 그만둘까 했는데, 한 편 더 해볼까⋯?" 사실 영화 제작 일을 하다 보면, 워낙 변수도 많고, 힘든 일들이 많아, 개봉 직전쯤 되면 몸과 마음이 만신창이가 되고, '이번을 마지막으로 다시는 영화 일을 하지 않겠다'는 다짐을 하기도 한다. 하지만, 막상 개봉하고 극장에 내가 만든 영화를 보며 울고 웃는 관객 속에 앉아 있다 보면, 그렇게 힘들었던 마음이 눈 녹듯 녹으며 나도 모르게 새어 나오는 한 마디가, "에이⋯. 한 작품만 더 하자⋯."이다. 이렇게 해서 나는 25년째 영화 일을 하고 있다. 매번, "이번까지만" 하면서⋯.

마지막 씬 장소인 Ebey's Landing, Whidbey Island

박미나 공짜는 없다. 이 영화의 마지막 키스신 장면을 만드는 데도 긴 여정이 소요되었다. 애초에 시나리오상 설정된 장소는 휴게소였다. 하지만 김태용 감독이 염두에 두고 구상했던 한국 스타일의 휴게소는 시애틀이 있는 워싱턴주 그 어디에도 없었다. 그냥 달랑 화장실 하나뿐인 휴게소였고, 간단하게 커피와 빵을 파는 곳도 창문 하나 겨우 붙어있는 식이었다. 그러니 촬영을 위한 첫 단추인 로케이션 헌팅부터 난관에 부딪혔다. 로케이션 매니저는 계속 이곳저곳 휴게소를 찾아다니며 사진을 찍어 왔다. 여러 휴게소 중에 그나마 조금 규모가 있던 한두 곳에서 실제로 〈만추〉의 다른 장면을 찍기도 했다. 하지만 여전히 영화의 클라이맥스인 키스신을 찍을 장소는 정해지지 않았다. 그러던 중 〈만추〉 촬영에서 유일하게 시애틀을 벗어난 곳에서 돌아오다가, 그러니까 애나 출감 장소를 돌아보고 시애틀로 돌아가는 길에 잠시 휴게소에 들렀다. 아니나 다를까 이 휴게소마저 사진에서 보았던 대로 너무 소박한 곳이었다. 함께 차를 탄 조감독 메건하고 마지막 장소 로케이션에 대해 이야기를 나누다가 문득 이런 생각이 들었다. '영화의 클라이맥스인 만큼 이런 분위기에서 찍는 건 좀 아니지 않나? 그렇다면 좀 경치 좋고 느낌 있는 곳은 없을까?' 시애틀 시민인 메건은 내 얘기를 듣자 곧바로 이런저런 장소들을 던지기 시작했고 우리 둘은 신나서 감독에게 우리의 생각을 전했다. 결국 마지막 장면의 촬영 장소는 분위기 있는 'Whidbey Island'로 정해졌고 설정도 휴게소에서 쉬는 것이 아니라 버스가 고장나는 이야기로 바뀌었다.

훈과 애나의 마지막 장면.

포그 머신으로 열심히 안개를 만들고 있는 특수효과팀.
그러나 화면 전체를 커버하기에는 역부족이었다.

영화에서 키스신을 잘 찍는다는 것은 결코 쉬운 일이 아니다. 하물며 영화의 클라이맥스 키스신이라면 얼마나 어려울지 상상에 맡길 수밖에 없다. 사실 우리가 스크린을 통해 보게 되는 키스신은 판타지이지 현실은 보통 그렇지 않고, 키스신 촬영장은 더더욱 낭만이라곤 없다. 늘 배우가 대단한 존재라고 생각해 왔지만, 특히 키스신 같은 장면을 찍을 때는 그 생각을 다시 한번 확인하게 된다. 아니, 분위기가 정말 나겠냐고요…. 〈만추〉의 마지막 키스신 촬영 날도 낭만이라곤 없는 그런 날이었다. 바람은 불어대고, 날씨는 잔뜩 흐리고, 환경적인 장애도 많은 데다, 고려하고 조정해야 할 요소들로 넘쳐났다. 드디어 모든 준비가 완료되어 키스신 촬영에 들어갔는데…. 테이크가 지나가도 김태용 감독의 표정에서는 확실한 답이 나오지 않고 있었다. 뭔가 모자란 것 같은데 딱히 뭐라고 말하기에는 감이 안 오는 분위기였다. 그 장면을 찍다 보니 어느새 점심 시간이 다가왔다. 그런데 식사가 끝난 후 감독이 두 배우를 데리고 촬영에 쓰이는 버스 안으로 들어가는 것이었다. 나는 버스 바깥에서 닫힌 문을 지켜보며 왠지 조마조마한 마음을 감출 수 없었다. 짧다면 짧고 길다면 긴 그런 시간이 지나가고 있었다. 그런데 버스 문이 열리더니 김태용 감독만 혼자 내리는 거였다. 잔뜩 긴장한 채 궁금한 눈빛으로 쳐다보던 내게 감독은 "둘이 10분간 손잡고 있으라고 했어요" 하며 싱긋이 웃었다. 그렇게 다시 키스신 촬영에 들어갔다. 그런데 정말 점심 먹기 전 하고는 분위기가 완전히 달라진 거였다. 카메라 앞에 선 두 남과 여를 감싸고 흐르는 가슴 떨리는 케미스트리가 확연히 느껴졌다. '우와…. 역시

특수효과팀장 케이시와 소방관의 대화.

쫑파티에서 〈만추〉 스태프들과 함께

우리 감독님!'

〈만추〉는 CG영화

남종우 〈만추〉에 등장하는 외부 신들은 거의 모두 안개가 끼어있다. 감독에게 시애틀의 안개는 영화의 정서를 대표하는 매우 큰 요소 중 하나였다. 처음에는 늦가을의 이미지를 뭐로 보여줄지에 대해, 현지에서 준비 단계 때 김태용 감독 외 핵심 스태프들과 고민을 많이 했는데, 그러면서 시애틀을 계속 돌아다니다 보니까 '안개'라는 게 보이기 시작했다. "단풍, 낙엽, 이런 것들보다 안개가 주는 쓸쓸함, 비현실적인 느낌, 모든 걸 지울 수 있을 것 같은 기대감 같은 것들이 표현되면 좋겠다."(김태용 감독) 그래서 우린 안개를 선택했다. 그리곤 특수효과팀과 함께 포그머신 같은 걸 열심히 준비했다. 하지만 언제나 그렇듯 현장에는 변수가 우리를 기다리고 있었다. 날씨가 흐릴 때는 어느 정도 포그머신이 기력을 발휘했는데, 맑은 날에는 바람 때문에 머신을 틀자마자 안개가 날아가버렸다. 시애틀이 바닷가라는 걸 몰랐던 것도 아닌데…. 결국 바람을 해결하지 못해서 안개가 나오는 장면은 모두 CG로 처리했다. 당시 CG를 맡았던 모팩 스튜디오의 장성호 대표는 김태용 감독, 김우형 촬영감독과 절친이기도 했다. 장성호 대표가 〈만추〉라면 무조건 하겠다고 흔쾌히 참여했다가, 예상에 없던 엄청난 분량의 안개 작업으로 나중에는 크게 후회했다는 후문이다….

박미나 〈만추〉에서 안개 낀 장면은 결국은 다 CG로 만들게 되었다. 하지만 초기에는 현장에서 직접 포그머신으로 연기(smoke)를 만들어 보려는 시도가 있었다. 흐린 날이 워낙 많은 시애틀이다 보니 안개 컨셉은 너무 이해가 됐지만, 야외에서 안개를 직접 만드는 것은 거의 불가능했다. 매번 어설프게 연기를 날리다가 주위에서 화재 신고가 들어가서 촬영 현장에 소방차가 여러 번 방문하곤 했다. 아직도 사이렌을 울리면서 우리 쪽으로 달려오던 소방차를 보고 특수효과팀장 케이시(Casey)가 뛰어가던 모습이 생생하다. "정말 미안해요, 또 우리 때문에…. 불 안 났어요…."

울음바다가 된 쫑파티

남종우 영화 촬영이 끝나고 참여한 스태프, 배우 들이 모두 모여 크랭크업을 기념하는 자리를 업계에서는 '쫑파티'라고 한다. 비록 미국이었지만, 〈만추〉도 예외 없이 쫑파티를 진행했다. (미국에서는 'Wrap Party'라고 한다.) 〈만추〉의 쫑파티는, 특별한 경험을 같이했다는 느낌 때문이었는지, 미국 스태프와 한국 스태프가 서로 헤어지기 아쉬운 애틋한 마음 때문이었는지, 유독 눈물을 흘리는 장면이 많이 연출되었다. 나중에 쫑파티 때 찍은 사진들을 보니 사진 속의 스태프들은 눈물이 그렁그렁 했다. 미국 스태프에게는 한국 스태프가 비록 왔다 가는 사람일 수 있지만, 이런 현장이 처음이어서 그런지 헤어지는 게 많이 아쉬웠던 것 같다. 이런 특이한 광경을 지켜본 선배 프로듀서인 이세키

〈만추〉 제작 사무실에서 사용했던 방

마지막 마무리 작업을 했던 호텔방

사토루는 우리가 좋은 스태프들로 조합을 잘 이루어 좋은 결과를 맺은 것 같다고 찬사를 아끼지 않았다. 한국에서부터 참여한 메인 스태프들도 그랬지만, 특히 시애틀에서 참여한 미국 로컬 스태프들에게 〈만추〉는 매우 특별한 프로젝트가 된 것 같았다. 시작부터 우여곡절이 많던 프로덕션은 첫 날 팀스터들의 피켓 시위를 감내해야 했고, 50페이지 분량의 시나리오를 받아들고 시작한 프리 프로덕션에, 매일매일 즉석에서 바뀌는 현장 세팅을 경험한 미국 스태프들은 특별한 재미를 느끼기 시작했다. 이미 짜여진 콘티와 스케줄대로 기계처럼 찍던 여느 현장과 달리 좀 더 나은 장면을 위해 셋업을 바꿀 수 있고, 막상 현장에서 보니 느낌이 나오지 않아 앵글을 바꿔보는 재미도 나쁘지 않았던 것 같다. 이렇게 서로 다른 문화권에서 잔뼈가 굵은 영화 스태프들이 만나 서로를 배려하고 서로에게 배워가며 보낸 60여 일간의 여정은 모두에게 잊을 수 없는 추억이 되었다.

외로운 프로듀서의 여정 (굿바이 시애틀)

남종우 해외에서 영화를 촬영할 때 로케이션이 정해지면 우선 프로듀서가 현지에 사무실을 꾸린다. 처음에는 호텔방에서 시작해서 스태프들이 꾸려지면 100평 넘는 제작 사무실 규모로 넓혔다가, 촬영을 마치고 나면 모든 것을 정리하고 스태프들도 모두 돌려보내고, 마지막으로 다시 호텔 방에서 최종 마무리를 한다. 시애틀에 혼자 처음 도착해서 답사를 하고, 다시 한국에 돌아가서 메인 스태프들 데리고 와서

호텔을 잡아 준비 작업을 시작한다. 제작 사무실을 얻고, 촬영이 끝
나면 정리하고, 사무실 빼고, 한국 스태프들 돌려보내고, 나시 또 혼
자 호텔 방으로 옮겨서 마무리하는 동안 시애틀에서 1년 남짓 보낸
시간들을 추억한다. 마지막까지 남은 박스 세 개를 들고 인천공항을
통해 귀국하면서 끝난 〈만추〉 프로덕션 작업. 처음과 끝이 외로운 프
로듀서의 여정은 이렇게 계속된다.

에필로그

남종우

김창래

박미나

에필로그

남종우, 김창래, 박미나

남종우 얼마 전 영화진흥위원회가 운영하는 Kobiz 채널에서 베셔 베이스와 피어스 콘란, 이렇게 두 외국인이 한국영화를 소개하는 영상을 봤는데 그 모습이 너무나 자연스러웠어요. 이제는 외국인들이 한국영화를 논하는 장면이 더 이상 이상하지 않은 그런 시대가 된 것 같네요.

김창래 그렇죠. 더 이상 특별한 것도 없고. 미나 작가가 얼마 전 거리를 걷다가 우연히 아이리시 펍에서 BTS 노래를 들었다고 하는데 이제 한국어가 거리에 들려도 더 이상 이상하지 않은 그런 시대가 온 것 같아요. 특히나 BTS나 블랙핑크의 노래 중 한국어를 그대로 따라 부르는 외국 친구들이 많아진 걸 보니 이제 더 이상 어떤 문화적인 장벽 같은 건 거의 없어지지 않았나 싶어요,

박미나 저도 Kobiz 채널에서 외국인 두 분이 한국영화를 소개하는 프로그램을 보면서 우리 책의 취지와 비슷하다는 생각이 들었고, '사람들이 생각하는 게 크게 다르지 않구나….' 싶었어요.

김창래 이제 외국의 대중들은 K-팝을 로큰롤과 비교하고 있어요. 더 이상 잠깐 스쳐가는 트렌드라고 말하기 민망한 상황이 된 거죠. 이건 단순한 트렌드가 아니라 하나의 문화로 봐야 합니다. 아마도 K-팝의 인기가 시들기 전에 우리가 먼저 죽지 않을까 생각합니다. 그러니까 제 말은 K-팝의 경우 이게 단순한 문화 현상이냐 아니냐, 뭐 그런 걸 논하기 보다는 이제는 K-팝을 하나의 완성된 음악 장르, 예를 들어 쿠바음악이나, 로큰롤과 같은 그런 차원에서 이야기 해야하지 않나 생각합니다.

박미나 얼마 전 애니메이션 영화 〈트롤: 월드 투어〉를 봤는데 트롤 종족을 락, 팝, 클래식 등 음악으로 구별하는 내용이에요. 그런데 메들리 장면의 여러 음악 중에 〈강남스타일〉이 나오는 거예요. 또 종족 내에 갱들이 존재하는 설정이 있는데, 거기에 나온 K-팝 갱으로 알고 보니 우리나라 걸그룹 레드벨벳이 출현했다고 하더라고요. 이제는 K-팝이 하나의 장르가 돼버렸고 한국말로 부르는 곡이 너무나 자연스럽게 받아들여지는 그런 때가 온 것 같아요. 음악에 대해 어떤 구분이 필요치 않은, 규정하거나 구별 짓는 선이 없어진 듯한 느낌을 받았고요. 이제 영화도 그 길을 밟고 있는 것 같아요. 우리의 출발점이 '1인치 장벽(one-inch barrier)'을 넘자는 얘기였는데 이미 영화도 그런 지점에 와있는 건 아닌지…. 〈기생충〉의 경우를 봤을 때는 그런 것 같기도 하고….

김창래 우리가 책을 쓰고 있는 동안 사람들이 팬데믹을 겪으면서 많은 변화가 있었고 그만큼 세상도 많이 변한 것 같아요. 굳이 〈오징어 게임〉의 전 세계적인 인기를 예로 들지 않는다 하더라도 확실히 이제는 해외영화, 또는 해외 세일즈(international sales) 개념이 약화된 것 같고, 전 세계 글로벌 관객들이 집에서 플랫폼으로 해외영화를 이전보다 편하게 시청하는 그런 시대가 된 것 같아요.

남종우 한국영화의 미래를 볼 때 워너 브라더스가 HBO Max에 〈원더 우먼 1984〉를 극장과 스트리밍 플랫폼에 동시에 개봉했던 그 시점부터였던 것 같아요. 2021년부터 〈사냥의 시간〉, 〈더 콜〉이 극장 개봉에서 OTT 개봉으로 우회했던 시기가 그 신호탄이지 않나 싶습니다.

김창래 사실 이제 영화를 극장에서 보느냐, 집에서 보느냐 하는 건, 소비 형태의 문제인 거지, 관객에게 크게 달라진 건 없지 않을까요? 제가 아는 지인 중에 극장을 1년에 한 번도 안 가는 사람이 있는데, 매월 플랫폼 결제에는 20만 원이 넘게 쓰시는 분이 있어요. 결국 극장에서 돈을 받느냐, 플랫폼에서 받느냐의 문제인 거죠. 그러니까 이런 부분들이 결국 극장 업계의 고민 아닐까요?

박미나 그건 팬데믹 때문에 새로 나온 얘기는 아닌 것 같아요. 몇 년 전부터
그러한 논쟁에 대한 여러 이야기가 있지 않았나요? 예를 들어, 알폰
소 쿠아론 감독의 〈로마〉라는 영화가 아카데미상 후보 자격이 있는
가에 대한 논쟁처럼요. 극장 개봉이 필수인지 아니면 스트리밍 매체
를 통한 '공개'만으로도 자격이 되는지에 대한 논의들은 코로나 이전
에 이미 시작되었죠. 물론 팬데믹을 거치면서 가속도가 붙은 것도 사
실이구요.

남종우 공급자적 관점과 소비자적 관점을 나누면 다르다고 볼 수 있을 것 같
아요. 글로벌 시장에서 프로듀서의 역할 중에 영화를 잘 만드는 게
3분의 1이라면, 패키징하고 투자 유치하는 부분이 있고, 또 유통과
마케팅이 있어요. 그런데 우리나라는 일반적으로 투자사가 파이낸
싱과 마케팅, 배급까지 모두 책임져주는 소위 스튜디오 시스템과 비
슷한 시장이라고 할 수 있어요. 그래서 우리나라 프로듀서들에게는
크게 다르지 않은 상황일 수 있다는 거죠. 그러나 글로벌한 관점에서
는 프로듀서의 역할이 줄어들고 있다고 볼 수 있고, 점점 더 프로듀
서는 만드는 것에만 집중하면 되는 시장이 되어가고 있는 것 같아요.
투자와 배급, 해외세일즈까지 연결되는 촘촘한 시장 구조에서 투자
배급사의 경우에도 수익의 큰 부분을 차지하는 여러 가지 수수료를
포기해야 하고, 인력을 원래 수준으로는 유지할 수 없는 시대가 다가
온 것 같아요. 따라서 공급자의 입장에서 보면 투자배급사도 점점 할
일이 없어지는 거고, 시장에도 혼란이 오는 거죠. 〈승리호〉 한 작품은

성공이었을지 몰라도, 이 한 작품을 통해 창출할 수 있는 여러 가지 사업과 수익창출의 기회가 없어진 셈인데, 그런 관점에서 영화계가 위험하다는 얘기들이 나오고 있는 것 같아요.

김창래 그 부분은 조만간 종식될 논쟁인 것 같아요. 어차피 전반적인 세계 트렌드는 언택트, 스트리밍이 강세지요. 코로나가 그런 상황들을 조금 촉진시켰을 뿐이지 극장문화는 이미 100년이 넘게 지속되어 왔어요. 그러니까 미나 작가가 2장에서 언급했던 뉴욕의 안젤리카극장처럼 극장의 역할이 조금 달라지는 것뿐이지 극장이 사라지진 않을 것 같아요. 대신 가정에서 영화를 관람하는 '홈씨어터(home theater)' 개념은 강화되겠죠.

박미나 디지털이 처음 나왔을 때 느낌하고 비슷한 것 같아요. 저는 필름을 사랑해서 끝까지 필름을 지키고 싶었지만 시간이 좀 걸렸을 뿐이지 결국은 모두 디지털화가 됐잖아요? 필름에서 디지털로 상영을 하려면 시스템을 바꿔야 한다고 극장들이 죽는 소리를 했지만 이제는 적응해서 살아남은 걸 보면 말이죠. 그리 보면 그때의 디지털이 지금의 스트리밍인 것 같아요. 시스템에 새로운 변화가 생기면서 2021년 이후로는 없어지는 일자리도 분명 있겠지만, 또 새로운 기회도 생기지 않을까요? 예전에 있던 필름 네거티브를 자르던 사람 대신에 데이터 매니저가 생긴 것처럼 말이죠. 팬데믹을 통해서 변화가 촉진되다보니 장벽도 없어지고 긍정적인 측면도 많아졌고요. 넷플릭스에 오른 한국영화가 이제는 더 이상 한국영화라기 보다는 그냥 '넷플릭스 영화'로 보는 추세로 변화하고 있지 않은가요?

김창래 결국 우리가 책을 쓰기 시작한 게 1인치의 장벽(one inch barrier)을 이야기하고 싶었기 때문이라면, 마지막 챕터는 'We speak one language, Cinema'로 끝나는 게 아닌가 싶습니다. 산업 구조가 어떻게 바뀌든, 극장에서 영화를 보든, 집에서 보든, 결국 영화라는 하나의 언어로.

남종우 지난 3년 간의 팬데믹 상황이 장벽을 많이 무너뜨렸고, 전 세계 관객이 우리 영화나 드라마를 더 많이 볼 수 있게 만들어 준 건 확실한 것 같아요. 1인치의 장벽이라는 말이 무척 의미 있는 게, 지역별로 나뉘어서 유통이 되던 것이 전통적인 기존의 유통 방식이었다면, OTT 덕분에 그 1인치의 장벽이 더 빠르게 걷혔다고 볼 수 있죠. 그렇다면 왜 K-시네마가 다른 영화보다 더 인기가 있다고 볼 수 있을까요? 더 잘 만들어서? 무엇이 이렇게 팬층(fan base)을 만드는지 얘기해 보면 어떨까요?

김창래 한국영화의 미래는 K-팝의 발자취를 거슬러 올라가면 보이지 않을까 싶어요. K-팝의 경우 3분 내외의 뮤직비디오로 비교적 쉽게 언어의 장벽을 뛰어넘을 수 있었고, 시각적으로 복잡한 설명도 필요 없었죠. 거기다가 2010년 즈음, K-팝이 어떤 정체기에 부딪혔을 때 소셜 미디어가 커다란 역할을 했어요. 현재 할리우드영화를 견제할 수 있을 만큼의 퀄리티 있는 영화를 제작하는 나라는 그렇게 많지 않은 것 같아요. 테마나, 플롯, 비주얼, 제작의 완성도를 비교하면 한국이 다른 국가보다 상당히 우수한 영화를 만들고 있어요.

박미나 덧붙인다면 일단 한국은 장르물을 잘 만들죠. 액션, 스릴러, 멜로, 호러 등 모든 장르를 잘 소화하는 것 같아요. 이전에 만들지 않았던 좀비영화도 한번 만들기 시작하니까 너무 잘 만들잖아요. 그리고 뻔한 장르물에서 끝나지 않고 거기에 뭔가 추가되는 엑스트라가, 그러니까 한국적인 트위스트를 좀 더해주니까 공감대가 확장되면서도 동시에 뭔가 신선하게 느끼는 것 같아요.

김창래 그걸 코리안 MSG? 코리안 flavor? 라고 불러도 될까요?

박미나 빙고. (웃음)

김창래 미나 작가가 2장에서 킴스 비디오라는 뉴욕의 비디오 숍을 언급했는데 한국영화 시장의 토양을 돌이켜보면 무척 다양한 자양분을 토대로 성장하지 않았나 싶습니다. 한국에서는 낮에 극장에서 브루스 윌리스 주연의 〈다이 하드〉를 보고, 저녁에 집에 들어가는 골목길에 위치한 '으뜸과 버금'에서 프랑스영화를 볼까 홍콩영화를 볼까 고민하던 그런 시대가 있었어요. 할리우드에 비해 확실히 다양한 작품들이 조금만 손을 뻗으면 닿을 거리에 있었다는 거죠. 거기에 삼성이 주최했던 서울단편영화제, 서울독립단편영화제, 미장센영화제 등 단편영화제에 누구보다 진심인 나라가 한국이었던 것 같아요. 한때 전철을 타면 모두가 《씨네21》을 보던, 전 국민의 영화인화가 이뤄진, 그런 나라가 한국이 아닌가 싶습니다.

남종우 앞의 챕터에서도 언급했지만, 2003년에 한국에 돌아왔을 때 한 해 동안 나온 영화들을 보고 정말로 충격을 받았어요. 지금으로 따지면 1년에 한 편 나올까 말까 하는 그런 퀄리티의 영화들이 같은 해에 다 개봉했다고 볼 수 있죠.

김창래 미나 작가가 얘기한 것처럼 그냥 나온 게 아니라 'It's about time.' 때가 돼서 나온 게 아닌가 싶어요. 한국영화는 이미 '준비가 되어 있었다'. 예를 들면 허우 샤오시엔이나 에드워드 양처럼 세계가 대만을 주목하던 시기에 코리안 웨이브도 이미 예열을 마친 상태가 아니었나 싶어요. 단지 필요했던 건 들끓는 재료들을 폭발시켜줄 불꽃이었던 것 같고, 그걸 대기업의 영화 시장 진출이 터뜨려준 게 아닌가 싶어요.

남종우 최근 해외 출장을 나가보면 한국영화에 대해서 정말 많은 얘기가 오가는데, 공통적으로 스토리가 뛰어나고, 프로덕션 퀄리티가 뛰어나고, 장르영화도 잘한다고 평을 해요. 분명 'Korean flavor'가 있지 않나 싶어요. 한국 사람들이 뭔가 특별한 DNA가 있어서 그런 건가?

김창래 글쎄…. 사실 한국영화가 지나치게 잘난 체할 필요는 없는 게 지금 한국영화가 누리고 있는 반응은 사실 일본영화가 먼저 겪은 것이고, 중국영화도 한때 화양연화를 보냈고, 또 홍콩영화에 열광하던 시기도 있었죠. 지금의 분위기가 2030년 이후 인도로 갈 수도 있고 파키스탄으로 갈 수도 있지 않을까요? 지금도 한류만큼 확실한 트렌드가 있지 않은가요? 이를테면 여성영화의 강세…?

박미나 정말 그런 것 같은데요. LA쪽 영화인들도 지금 여성 아이템이 제일 핫하다고 말하고, 또 아시아 스토리, 그중에서도 코리아라고 한다더라고요.

남종우 인도도 그런 것 같아요. 인도의 스트리밍 플랫폼들이 소재를 찾고 있는데, 찾고 있는 장르 중에 가장 많은 게 'female based', 그러니까 여성 관객을 타깃으로 한 작품이에요. 아마존 재팬도 얼마전까지 여성 중심의 서사를 찾는 데 아주 진심이었고요. 이건 전 세계적인 트렌드라고 볼 수 있는 것 같아요.

김창래 한국영화 역시 비슷한 개념으로 볼 수 있지 않을까요? 큰 그림에서 보자면 이제껏 여성 중심의 서사가 너무 부족했지 않았나 싶고. 그러니까 여성 중심의 영화가 너무 오랫동안 인정을 못 받고 눌려 있다가 이제서야 수면 위로 올라오는 게 아닌가 싶어요.

박미나 그렇죠. 우리가 이 책을 쓰기 시작할 때만 해도 영화의 자막 같은 '장벽' 개념이 화두였다면 지금은 이미 그 상벽들이 허물어지고 있는 것처럼 보여지네요. 앞길을 막는 장벽이 약해지면서 김 작가 말씀대로 여성 스토리나 아시아 스토리가 빛을 볼 수 있는 것이고요.

남종우 불과 1-2년 전까지만 해도 지역적으로 트렌드가 조금씩 달랐는데, 지금은 세계적으로 유사한 트렌드가 형성되는 것 같아요. 요즘은 어디서 뭔가 확 올라오면, 사람들 경향이 비슷하게 따라가는 걸 볼 수 있어요. 어떻게 보면 넷플릭스나 디즈니와 같은 글로벌 스트리밍 서비스의 영향이라고 볼 수 있지 않을까요? 전 세계 사람들이 거의 같은 시간대에 같은 작품을 볼 수 있으니까요. 이제 어느 정도 이 책을 정리해야 할 때가 된 것 같네요. 앞으로 한국영화의 미래를 어떻게들 바라보나요?

김창래 영화를 공부하면서 다양한 지표들과 마주하게 되는데, 그럼에도 늘 적응이 안 되는 게 할리우드영화 관련 데이터입니다. 1980년대 한때 미국영화가 전 세계 시장의 91%까지 점유했던 시기가 있었다고 해요. 그때는 미국 사람들이 영어로 되지 않은 영화를 보는 것은 생각도 못하던 시절이었죠. 그래서 미국인들이 자막 영화에 서툰 것도 이해는 가요. 하지만 이제 제법 많은 미국인들이 자막 영화나 자막 있는 외국드라마를 보기 시작했습니다. 확실히 외국 문화콘텐츠에 대한 장벽이 낮아졌고 점차 희미해지는 듯 보여요.

남종우 〈미나리〉의 경우도, 예전 같았으면 영화인으로서 내 얘기를 할 수 있을 거라고 생각 못했을 것 같아요. 미국에서 영화를 공부하던 시절에 제일 하지 말아야 할 게 '내 이야기', '정체성' 이야기였어요. 나만 재밌지 다른 사람들은 재미없다는 거죠. 하지만 이제 글로벌 관객은 〈미나리〉를 단순히 한국계 미국인의 이야기로만 해석하지 않아요. 보다 근원적인 시각을 가지고 보편적인 이야기를 발견하려고 해요. 봉준호 감독의 표현을 빌려서 말하자면, "가장 개인적인 이야기가 가장 창의적인 이야기다!"인 거죠. 이제 이 책을 마무리할 때가 된 것 같은데, 마지막으로 미나 작가가 양자경 배우의 오스카 수상에 대한 이야기와 전체적으로 정리를 해주면 어떨까요?

박미나 아, 가장 힘든 부분을…. 한번 해 보겠습니다. 일단 최근의 분위기를 정리해 보자면 정말이지 매일매일 놀라움의 연속인데요. 불과 몇 년 전만 해도 〈기생충〉이 오스카의 국제영화부문에 올랐을 때 '최초'라는 수식어가 붙었는데 지금은 한국영화나 배우가 수상 후보에 오른다는 것이 놀랍다기 보다는 조금 당연시하는 분위기죠. 한국영화뿐만 아니라 K-문화의 영향을 미국 시골에서도 확인할 수 있는데요. 미국 스타들이 어떤 한국 마스크 팩을 쓰고, 노래방에서 어떤 K-팝 노래가 18번이며, 한국 사우나에 가서 때를 밀었다는 이야기, 이런 것들은 일상이 된 지가 오래됐죠. 그럼 지난 10년 사이에 무슨 일이 있었지? 하고 물으면 "한국이 쿨(cool)해진 것이다."라고 답해야겠죠. 할리우드는, 더 넓게 봐서 미국 관객은, 늘 새롭고 신선하고 재미

있는 것을 찾고 있는데 지금은 한국이 주는 재미에 빠져있는 것 같아
요. 또 'all things Korean(한국적인 모든 것)'을 추구하다 보니 천천히
미국 팝 컬처에도 스며들어 간 것 아닌가 싶어요. '김치 맛'이 하나의
보편적인 맛이 되고, BTS 노래를 영어 팝송인양 자연스럽게 한국말
로 부른다거나, 넷플릭스에 있는 한국드라마를 그냥 자막이 있든 없
든 상관없이 보는 그런 현상이죠. 예전에 이안 감독을 부러워했는데
지금은 미국배우조합상(SAG)에 송강호, 이선균, 이정은, 조여정 같은
한국 배우들이 수상하잖아요. 가장 미국적인 시상식에서 한국어가
들리는 것 자체로도 코리안 쿨의 영향력을 느끼죠. 2020년 〈기생충〉
의 SAG 앙상블상 수상에 이어 다음 해에는 윤여정 배우가 오스카 여
우조연상을 받았는데 모두 아시아인으로서는 최초의 수상이었죠.
아울러 2022년 미국배우조합상 앙상블상은 〈코다〉가 받았는데 이
역시도 어찌보면 〈기생충〉의 선한 영향력이 미치지 않았나 싶어요.
그리고 마침내 〈에브리씽 에브리웨어 올 앳 원스〉가 미국배우조합상
역대 최다 4관왕을 석권하는 쾌거를 이뤄냈고요. 물론 양자경 배우
의 아카데미 여우주연상과 키 호이 콴의 남우조연상 역시 빼놓을 수
없는 감동의 순간이었죠. 앞으로 포스트 코로나 시대에는 아시안과
한류문화가 세계 팝 컬처를 리드하지 않을까 감히 말하고 싶어요. 왜
냐하면 '한국' 또는 'K—' 라는 수식어가 단순히 어떤 동양적인 걸 뜻
하기 보다는, 좋은 것, 재미있는 것, 강한 것, 쿨한 것을 연상시키는 분
위기가 전 세계적으로 조성되어 있는 것 같아요. 1인치의 장벽이 허
물어지는 것을 이렇게 금방 목도하는 현실 자체가 또 한번 놀랍고 반

가울 뿐이죠. 이제 에필로그를 마무리하며 최근의 인상적인 두 아시아 배우의 말을 인용하고 싶어요. 먼저 산드라 오가 2018년 에미시상식에서 다음과 같이 말했어요.

"It's an honor just to be Asian.(아시아인이어서 영광스럽다.)"

이 말은 "It's an honor just to be nominated.(후보에 오른 것 만으로도 영광스럽다.)"라는 문구의 말장난이죠. 2018년 에미시상식측에서 부탁 받아서 산드라 오가 그렇게 말한 것이기도 하지만, 인터뷰에서 산드라는 이 말이 진심이었다고 밝혔죠. 이 문구는 후에 티셔츠에 새겨져 팔리기도 했는데 저도 이 티셔츠를 가지고 있어요. 예전에는 백인들의 잔치였던 할리우드 시상식을 보면서 '우리도 저 무대에 섰으면' 하는 부러움 섞인 시선뿐이었는데 이제는 실제로 우리가 그 무대의 주인공이 되는 장면을 보는 날이 도래했어요.

또 2023년 미국배우조합상 최고의 앙상블 수상 소감에서는 94세의 제임스 홍 배우가 감동적인 말을 남겼어요. 그는 70여 년 전 연기 생활을 시작했을 때 첫 영화를 클라크 게이블과 함께 만들었다면서 그 당시에는 백인 배우 얼굴에 테이프를 붙여서 눈을 치켜 올라가게 만들고 동양인 연기를 했다고 해요. 이유는 제작자들이 동양인 배우는 흥행에 도움이 안 된다고 믿었기 때문이라면서요. 이후 제임스 홍은 세상을 향해 외칩니다.

"But look at us now!"

제임스 홍의 말대로, 지금의 우리를 보세요!

부록
한국영화의 역사

부록   한국영화의 역사(Brief History of Korean Film)

2019년은 한국영화의 역사가 100년이 된 역사적인 한 해였다. 영화계는 한국영화 100주년을 기념하기 위해 이와 관련된 각종 영상·출판물을 제작했고, 국제학술세미나와 같은 다양한 축하 행사를 개최했다. 그중 한국영화 감독 100인을 선정하여 100초 분량의 단편영화를 제작하여 유튜브에 상영한 '100 x 100' 이벤트는 아마 가장 상징적으로 한국영화 100주년을 보여주는 기념행사가 아니었나 싶다.

세계영화사에서 한국영화는 일본과 중국에 비해 상대적으로 늦게 국제 무대에 알려졌다. 일본의 경우 이미 1950년대 초 구로사와 아키라 감독의 〈라쇼몽〉이 베니스영화제 최고 영예인 황금사자상을 수상하며 세계적인 거장의 반열에 올랐으며, 중국영화 역시 1980년대 초 5세대 감독인 천카이거와 장이머우 감독의 〈황무지〉, 〈홍등을 올려라〉와 같은 작품들을 통해 중국영화의 아름다움을 일찌감치 세계 무대에 알린 바 있다.

서양 관객에게 뒤늦게 알려진 한국영화는 몇 개의 굵직한 시기로 나누어볼 수 있는데, 20세기 내내 그야말로 굴곡진 역사의 소용돌이를 겪으며 성장해 온 한국사회를 따라 한국영화의 역사도 그 궤를 같이한다. 대략 크게 구분하여 한국영화의 역사를 시대 흐름에 따라 분류하자면 다음과 같다.

(1) 일제강점기 조선영화의 역사 (1910-1945)

(2) 해방 이후-한국전쟁 (1945-1953)

(3) 전쟁 이후-60년대 말 (1954-1969)

(4) 70년대 한국영화 (1970-1980)

(5) 1987년 민주화 운동 이전까지 (1981-1987)

한국영화는 앞서 말한 바와 같이 2000년대 초반 폭발적으로 성장하기 시작했는데 그 밑바탕에는 소위 말해 코리안 뉴 웨이브라는 특별한 성격의 영화들이 만들어졌던 시기가 있었다. 이번 챕터에서는 코리안 뉴 웨이브 영화들이 태동된 90년대 초 이전까지의 한국영화의 역사를 대략 다섯 개의 시간대로 구분하여 설명해보려 한다. 이를 통해 한국영화에 관심을 가지고 있는 많은 국내외 관객들에게 보다 쉽고 친근하게 한국영화의 역사를 소개해 보고자 한다.

1) 식민지 시대의 한국영화 (1910년-1945년)

한국영화 100주년이 되는 2019년은 몇 가지 이유로 역사적인 해가 아닐까 싶다. 먼저 영화 팬들이 좋아하는 SF 거장 리들리 스콧 감독의 세기말 정서로 가득한 〈블레이드 러너〉가 그렸던 영화 속 배경이 되는 시간이기도 하고, 앞서 말한 바와 같이 한국영화가 탄생한 지 100주년이 되는 해이기도 하다.

2019년에서 시간을 정확히 100년 전으로 되감은 1919년은 지금까지도 한국인 모두 명징하게 기억하는 매우 의미있는 해이다. 1919년은 한국이 일본에 강제 합병된 지 9년이 지난 후이고, 정확히 그 해 3월 1일, 일본의 무단

통치에 저항하며 일어난, 항일 운동 중 최대 규모의 민족 해방운동인 3.1 운동이 일어났기 때문이다.

일본의 한반도 무단통치의 부당함을 알리고 한국의 독립 의지를 세계에 알린 한민족 최대의 독립운동인 3·1 운동이 일어나고 대략 7개월 후, 그러니까 1919년 10월 27일, 드디어 조선인의 첫 한국영화가 만들어지는데 그 영화의 타이틀은 바로 〈의리적 구토〉이다. 물론 〈의리적 구토〉 이전에도 몇 편의 무성영화가 있었지만, 그것들 대부분은 짧은 광고 선전물에 불과했기에 본격적으로 조선인들에 의해 투자·제작된 첫 영화는 〈의리적 구토〉로 보는 게 일반적이다. 첫 번째 한국영화로 기억되는 이 작품은 당시 영화를 홍보했던 광고 전단지와 극장의 사진도 남아있다.

당시 개봉관이었던 극장 단성사.

영화 〈의리적 구토〉는 계모 일당에게 전 재산을 빼앗긴 주인공 송산이 두 의형제의 도움을 받아 사악한 계모 일당을 물리친다는 내용을 담고 있다. 이 작품은 당시 단성사에서 공연되었던 연쇄극(kino drama)의 막간에 상영되었던 12분 분량의 작품인데, 연극 중간에 배우들이 공연을 하다 무대 밖으로 사라지면 스크린이 무대 위에서 내려와 무대 밖으로 사라진 배우들이 등장하는 방식이었다. 필름으로 촬영된 장면들은 주로 한강 철교와 노량진 공원, 장충단을 배경으로 촬영된 추격 장면과 격투 장면들이었는데 당시 대중들로부터 큰 호응을 얻었다.

그 다음으로 초기 한국영화사에 있어 중요한 영화로는 단연 나운규의 1926년 작 〈아리랑〉을 꼽을 수 있다. 이 작품 역시 현재 필름 프린트는 남아있지 않고 영화의 스틸만 남아있는데, 나운규가 각본·주연에 감독까지 겸한 이 작품은 무성영화시절 소위 전국적인 메가 히트 작품으로 기록되어 있다. 이 작품은 일제의 지배 아래 살아가던 조선인들의 울분과 항일 정신을 상징적으로 다룬 영화로서 조선인의 응어리진 가슴을 달래준 작품이다.

당시의 기록에 의하면 이 작품을 보기 위해 밀려든 관객들로 인해 상영관이었던 단성사의 문이 부서지고 경찰이 출동하는 해프닝까지 벌어졌다고 하니 영화의 인기를 가히 실감할 수 있을 것이다. 영화의 제목 〈아리랑〉은 한반도 여러 지역에서 불리던 신민요의 노래 제목으로, 지금까지도 대한민국을 상징하는 대표 민요인데 나운규는 이 노래의 제목을 당당히 영화의 타이틀로 사용했다.

영화 〈아리랑〉의 간략한 내용을 되짚어 보자면, 3·1 운동 당시의 충격으로 미쳐버린 주인공 영진이 친일파이자 일본 순경의 앞잡이 기호가 여동생을 겁탈하려하자 낫을 들어 그를 응징한다는 내용을 담고 있다. 감독인 나운규는 실제로 독립운동 경력으로 감옥에 수감된 경력이 있던 인물이기에 〈아리랑〉에는 당연히 연출자의 민족주의적 은유가 작품 곳곳에 묻어있다.

이처럼 일제강점기 초에 제작된 조선의 영화는 조선인의 민족적 저항 의식을 다룬 작품들이 대부분이며, 대중적으로 잘 알려진 고전소설을 각색해 만든 문예영화들 또한 주를 이뤘다. 하지만 1940년 이후 제작된 대다수의 영화들은 일본의 2차 대전 참전의 당위성을 알리는 홍보영화이거나 일제의 식민 정책 선전을 위해 제작된 프로파간다 작품이 주를 이뤘다. 또한 대부분 일본어로 제작되었기 때문에 이 시기 제작된 작품을 과연 조선의 영화라 부를 수 있는지조차 의문이다.

현재 필름 프린트가 남아있는 가장 오래된 한국영화는 안종화 감독의 〈청춘의 십자로〉(1934)인데, 73분 분량의 이 작품은 지금까지 남아있는 가장 오래된 무성영화이기도 하다. 작품은 농촌 출신의 청년이 도시로 상경하며 겪는 좌충우돌을 그리고 있으며, 〈아리랑〉의 여주인공 신일선의 출연작이기도 하다. 특히 1950년 이전에는 남아있는 자료가 워낙 적은데, 〈청춘의 십자로〉는 당시 조선인의 생활상을 보여주는 소중한 사료이다. 아울러 개화기 서양 문물의 교육을 받은 모던 보이들의 화려함과 신여성들의 자유분방한 모습을 확인할 수 있는 귀중한 자료라는 점에서 그 가치가 매우 높다.

초기 한국영화를 공부할 때 가장 안타까운 부분이 현재 영상으로 확인할 수 있는 작품이 그리 많지 않다는 점이다. 유럽의 경우, 독일의 〈칼리가리 박사의 밀실〉(1919), 러시아의 〈전함 포템킨〉(1925), 이탈리아의 〈자전거 도둑〉(1948)과 같이 오래된 고전영화가 많이 남아있는데, 한국에는 시각적으로 확인할 수 있는 초기 영화가 그리 많지 않다. 대부분의 한국 고전영화는 일제강점기와 오랜 세월을 거치는 동안 부주의로 인해 필름이 손상됐거나, 한국전쟁 당시 소실되었기 때문에 지금까지 필름 프린트가 남아있는 1950년 이전 한국영화는 양주남 감독의 1936년도 작품인 〈미몽〉과, 이병일 감독의 1941년 작 〈반도의 봄〉을 비롯해 겨우 12편 정도라고 한다.

2) 1945년-1953년

1945년 8월, 히로시마에 원자폭탄이 떨어지고 히로히토 천황의 무조건 항복 선언 이후 일본은 패망한다. 이로써 36년간 지속된 일제강점기가 마침내 막을 내리고 대한민국은 그토록 갈망하던 자유를 맞이하게 된다. 하지만 영화 시장의 봄은 광복 이후에도 아직 찾아오지 못하였다. 해방 이후 대한민국은 일본으로부터는 독립했지만, 소련과 미국의 영향으로부터는 자유로울 수가 없었다.

38도선 북쪽으로는 소련의 간섭을 받는 북한이 정권을 수립했고, 남쪽에는 미군정의 간섭을 받는 남한 정권이 수립되었다. 이 시기 남한과 북한은 38도선 지역에서 감시의 눈을 피해 어느 정도 왕래가 가능하기도 했다. 하지만 극심한 이데올로기의 대립으로 대한민국이 둘로 갈라지는 것은 시간 문제였다. 이 시기에는 자연스레 일제강점기 동안 만들지 못했던 항일영화들이 많이 제작되었다. 또한 남한을 점령하고 있던 미군정은 일본의 군국주의를 씻어내기 위해 민주주의를 교육하는 계몽영화 등을 집중 지원했다.

그리고 1950년 6월 25일, 동족상잔의 비극 6·25가 발발한다. 3년간 지속된 전쟁으로 인해 15만에 가까운 국군 전사자와 3만 6천 명의 미군 전사자를 포함해 (민간인 사망자까지 합산한다면) 추정컨대 대략 100만이 넘는 사망자가 발생한 한국전쟁은 남한과 북한 모두에 극심한 상처와 절망만을 가져다주었다. 한 가지 아이러니한 것은 한국전쟁 당시에도 영화는 제작되었다는 점이다. 훗날 1960년대 한국영화를 이끌었던 신상옥 감독의 〈악어〉는 1952년 전쟁 중에 대구에서 만들어졌다. 이 외에도 공보처의 지원을 받아 제작된 몇 편의 기록영화 등 17편의 장편 극영화가 한국전쟁 중에 만들어졌다.

(3) 전쟁 이후 (1954년-1969년)

전쟁으로 인한 오랜 침체의 늪을 지나고 한국영화계는 비로소 완연한 봄을 맞이한다. 1954년 18편이었던 제작 편수는 3년 만에 두 배로 증가해 1957년에는 37편의 극영화가 제작되었다. 이 무렵 가장 주목할 만한 영화 두 편을 꼽자면 1955년에 만들어진 〈춘향전〉과 1956년에 제작된 〈자유부인〉이라 할 수 있다.

〈춘향전〉은 한국인에게 가장 잘 알려진 동명의 고전 러브스토리를 기반으로 만들어진 작품이다. 〈로미오와 줄리엣〉이 서양에서 가장 잘 알려진 사랑 이야기라면, 아마 한국인에게 가장 잘 알려진 사랑 얘기는 누가 뭐라해도 〈춘향전〉일 것이다. 이 작품은 1955년 이전에도 여러 차례 제작된 이력이 있지만 1955년 이규환 감독에 의해 제작된 〈춘향전〉이 대중에게 가장 잘 알려진 작품이 아닐까 싶다. 이 영화는 그해 서울에서만 18만 관객을 동원했는데 이는 당시 서울 전체 인구의 3분의 1에 해당한다.

〈춘향전〉과 더불어 1950년대 중반에 만들어진 또 하나의 문제작은 단연코

〈자유부인〉이다. 동명의 베스트셀러 소설을 원작으로 만들어진 이 작품은 명망있는 대학교수의 아내가 춤바람이 나서 가족을 도외시한 채 불륜을 저지른다는 내용으로 구성되어 있다. 1950년대 대한민국은 지금보다 몇 배는 더 남성 중심의 가부장적 사회였다. 지금이야 여성을 주체적으로 그리는 작품들이 늘어나고 있지만 당시만 해도 영화 속 여성 캐릭터가 남긴, "인생은 엔조이 해야 해"와 같은 대사는 적지 않은 사회적 파장을 불러왔다. 영화 〈자유부인〉에 대한 평가는 시간이 흐를수록 긍정적인 부분이 더욱 더 부각되고 있으며, 전쟁 이후 근대 사회로의 변화를 겪는 남한의 모습을 단적으로 읽을 수 있는 작품이라 하겠다. 〈춘향전〉과 〈자유부인〉이 1950년대 한국영화를 대표하는 작품이라면, 1960년대 한국영화계를 대표하는 키워드는 '군사정권'과 '한국영화의 황금기'이다. 언뜻 보면 전혀 어울리지 않을 것 같은 두 단어지만 그 내막을 살펴보자면 다음과 같다.

1961년 5·16일, 대한민국은 해방 이후 12년간 유지됐던 이승만 정권이 무너지고 군사 쿠데타로 권력을 잡은 박정희 정권이 들어선다. 그리고 불과 4개월 후 박정희 정권은 조국 근대화 프로젝트라는 미명 아래 당시 72개였던 영화사를 16개로 통합한다. 그리고 이듬해인 1962년 1월, 대한민국 최초의 영화법이 만들어지고 박정희 정권이 주창한 소위 '한국영화의 메이저 기업화', '한국영화의 대량생산 시대'가 본격적으로 그 막을 연다.

1960년대 한국영화계는 외국영화, 그 중에서도 특히 할리우드영화 수입을 통해 막대한 이윤을 창출하였는데 군사정부는 이를 법적으로 통제하기 시작한다. 이를 위해 1년에 15편 이상의 한국영화를 제작한 영화사만이 외국영화를 수입할 수 있는 자격을 부여했다. 이러한 법제도의 개정으로 인해 그나마 남아있던 16개 영화사는 다시 개편되고, 1963년에 이르러 '극동', '한양', '한국영화' 그리고 '필름', 이렇게 단 4개의 제작사로 통폐합된다.

1960년대를 돌아보면 반공영화의 제작과 더불어 유난히 문예작품을 소재로 만들어진 영화들이 눈에 띈다. 〈사랑방 손님과 어머니〉(1961), 〈무정〉(1962), 〈갯마을〉(1965), 〈유정〉(1966), 〈봄 봄〉(1969) 등 어림잡아 수십 편의 작품들이 문학소설을 바탕으로 제작되었다. 이유는 이미 검증된 이야기로 빠르게 제작할 수 있는 '작은 사이즈'의 영화였기 때문이다. 이렇게 얻은 외화 수입 자격으로 제작사들은 히치콕의 영화를 비롯해 주로 할리우드 액션영화나 유럽의 예술영화를 수입했다.

이 시기 주목할 만한 한국영화 몇 편을 꼽아보자면, 첫 번째는 단연 유현목 감독의 1961년 작품 〈오발탄〉이다. 이 영화는 전쟁통에 월남한 박봉의 계리사 철호와 그의 가족들의 비참하고 궁핍한 모습을 통해 전후 남한 사회의 비극적 시대상을 그리고 있다. 가히 네오 리얼리즘 영화의 진수, 〈자전거 도둑〉과 비견할 만한 작품으로, 1960년대 한국영화 리얼리즘의 진수를 느끼고 싶다면 주저없이 〈오발탄〉을 추천한다.

〈오발탄〉과 더불어 같은 해 개봉한 강대진 감독의 〈마부〉 역시 한국 리얼리즘의 계보를 잇는 또 하나의 훌륭한 수작이다. 제11회 베를린영화제에서 특별 은곰상을 받은 이 작품은 사실상 국제영화제에서 한국영화가 거둔 최초의 쾌거라고 할 수 있다.

이 작품은 말이 끄는 수레로 짐을 실어 나르는 '마부'를 중심으로 가장의 고단함과 동시대를 살아가는 서민들의 애환을 사실적으로 묘사하여 관객에게 큰 사랑을 받았다.

1960년대를 관통하는 가장 명징한 키워드는 영화 산업의 양적인 성장이라 할 수 있다. 박정희 군사정권의 주도하에 시작된 '영화의 대량생산 시대'는 1960년대 한국영화계의 소위 '골든 에이지'로 이어진다. 1968년에는 한 해에만 무려 200여 편이 넘는 다양한 장르영화가 제작되었으며 관객 수 또한 1961년 5,800만 명에서 1964년 1억 명으로 3년 사이 두 배로 증가한다. 그리고 그 중심에는 단연 신상옥 감독의 신필름이 가장 중요한 역할을 차지했다.

신상옥 감독은 1961년 〈춘향전〉을 한국 최초의 시네마스코프로 제작했다. 이 작품은 공전에 히트를 기록하며 신상옥 감독을 명실상부 60년대 최고의 흥행 감독으로 자리매김하게 한다. 이후 신상옥 감독은 평생 80여 편에 가까운 영화를 연출했으며, 그가 제작을 맡은 영화까지 합하면 도합 200편에 가까운 영화를 제작했다. 한국영화사에 있어 신상옥 감독의 위치는 분명 한국영화계에 한 획을 그은 굵직한 인물이고, 그보다 더 흥미로운 것은 영화보다 더 영화같은 삶을 살다간 그의 일생이라 할 수 있다.

1960년대 초 신상옥 감독은 군사정권의 영화제작 '대기업화 정책'의 최대 수혜자였다. 그는 정부의 특혜에 가까운 지원 아래 홍콩과의 합작영화를 주도하는 등 한국영화의 국제화에 앞장섰다. 동시에 〈로맨스 빠빠〉(1960), 〈사랑방 손님과 어머니〉(1961), 〈벙어리 삼룡〉(1964), 〈빨간 마후라〉(1964)와 같은 연이은 히트작을 제작하며 60년대 최고의 감독으로 우뚝 선다. 그의 영화사 신필름은 상주 직원만 200명이 넘는 대형 스튜디오로 몸집을 불렸고 1960년대 한국영화산업 전체를 대표하는 제작사로 급성장한다.

하지만 1970년대 중반 정부와의 마찰이 생겼고, 마침 그의 아내이자 유명 배우였던 최은희가 납북되는 사건이 발생한다. 이후 1978년 7월 납북된 아내를 찾아 홍콩에 갔던 신상옥 감독은 그 또한 북한 공작원에 속아 납북된다. 각각 따로 감금되었던 그들은 4년 후 김정일 국방위원장의 특혜를 받아 북한에서 제2의 영화 인생 커리어를 시작한다. 이후 3년간 북한에서 〈돌아오지 않는 밀사〉(1984), 〈소금〉(1985), 〈불가사리〉(1985) 등 일곱 편의 영화를 연출한 뒤, 1986년 3월 극적으로 북한을 탈출한다. 이것만으로도 충분히 놀라운데 그보다 더 놀라운 건 미국으로 이주한 신상옥 감독이 90년대 초반 할리우드에서 〈Three Ninjas〉라는 영화를 제작해 흥행에서도 제법 좋은 성적을 거둔 점이다. 신상옥 감독은 지금까지도 남한, 북한, 홍콩, 미국에서 모두 영화를 만든 유일한 영화인으로 기록된다. 이처럼 영화보다 더 영화같은 삶을 살다 간 그의 일생에 대해 더 궁금한 게 있다면 2016년 미국의 영화감독 로버트 캐넌에 의해 만들어진 다큐멘터리 〈The Lovers And The Despot〉을 추천한다.

(4) The 1970s

1960년대 전성기를 구가했던 한국영화는 70년대에 접어들며 암흑기를 맞는다. 1969년 한해 229편을 정점으로 찍고는 계속 하락세를 기록하더니 1972년에는 한해 제작편수가 122편까지 급감한다. 1960년대 말 200편이 넘는 제작 편수는 사실 군사 정부의 국산영화 장려 정책의 영향이 컸다. 정부는 한국영화 3편을 제작하면 외화 수입쿼터 1편을 주는 정책을 폈다. 이에 따라 국내 영화제작자들은 돈이 되는 외화 수입을 위해 어떻게든 제작 편수를 끌어올렸고, 이는 자연스레 싸구려 저질 영화의 대량생산으로 이어졌다. 이러한 상황에서 박정희 정권의 냉혹한 검열 정책과 경제 성장으로 집집마다 TV가 보급되고 여가 활동 역시 다양해지면서 한국영화는 점차 쇠퇴의 길로 접어들게 된다.

극심한 침체를 겪던 한국영화계에 그나마 숨통을 틔어준 것은 '호스티스 멜로드라마' 장르의 등장이었다. '호스티스 영화'란 술집 종사원이나 매춘 등을 하는 직업 여성의 사랑 이야기를 그린 멜로드라마를 지칭한다. 이장호 감독의 〈별들의 고향〉(1974), 김호선 감독의 〈영자의 전성시대〉(1975), 〈겨울 여자〉(1977) 등이 대표적인 호스티스 영화이다. 일련의 호스티스 영화들은 남성 중심의 시각에서 여성을 성적 대상화한 장면들이 많았고 동시에 순결한 여성상을 지나치게 강요한 작품들이 대부분이었는데, 흥행에서는 많은 관객을 동원하며 한동안 극장가에 '호스티스 영화' 신드롬을 일으켰다.

이러한 반짝 호황에도 불구하고 전반적으로 한국영화계에 있어 1970년대는 위기의 시대였다. 박정희 군사정권은 70년대가 들어서며 반사회적, 퇴폐적. 문란을 조장하는 문화콘텐츠에 대한 검열의 수위를 최대치로 끌어올렸다. 이에 따라 그동안 영화업자 협회에서 자체적으로 시행하던 시나리오에 대한 심의를 '예술문화 윤리 위원회'라는 정부의 검열 기관에서 시행하기 시작했다. '예술문화 윤리 위원회'는 시나리오상에 문제가 있다고 생각되면 작품의 전면적인 개작까지 지시할 수 있는 절대적 권한을 가지고 있어서 정부의 입맛에 맞지 않는 내용이 조금이라도 있으면 그 어떤 영화도 가위질을 피할 수 없었다.

가장 대표적인 예시로 하길종 감독의 1975년 영화, 〈바보들의 행진〉의 한 장면을 예로 들 수 있다. 원래 영화 속 장면은 데모를 위해 모인 군중들의 모습이었으나 군사정권의 검열 이후 대학생들이 야구 응원에 나선 모습으로 묘사되었다. 1970년 당시 청년문화와 유신정권 아래 고뇌하는 젊은이들의 모습을 그린 〈바보들의 행진〉은 1970년대의 시대 분위기를 그나마 상징적으로 간파할 수 있는 몇 안 되는 매우 귀중한 작품이라 할 수 있다.

1970년대 한국영화계에서 빼놓을 수 없는 또 한 명의 주요 인물은 김기영 감독이다. 김기영 감독은 때로는 루이스 부뉴엘과 비교되기도 하며, 혹자는 그를 히치콕과도 비교하기도 한다. 하지만 그의 작품들을 면밀히 들여다본다면 차라리 그는 피터 그리너웨이 또는 알레한드로 조도로프스키와도 닮아 있다. 그의 감독으로서의 경력을 살펴보면, 그는 평단에서 70년대 가장 파격적인 작품 중 하나로 손꼽는 〈충녀〉(1972)와 〈화녀〉(1971) 이전에 이미 그의 또다른 최고작 중 하나인 〈하녀〉(1960)를 통해 중산층 가정의 가장이 겪는 악몽을 세밀하면서도 신랄하게 스크린 위에 직조해 낸 바 있다. 마이클 더글라스 주연의 〈위험한 정사〉와 커티스 핸슨 감독의 〈요람을 흔드는 손〉과도 언뜻 닮아있는 영화 〈하녀〉는 김기영 감독 특유의 그로테스크하면서도 독창적인 스타일로 영화가 진행되는 시종일관 인간의 모호한 욕망과 비틀어진 충동을 훌륭하게 묘사해 낸다. 봉준호 감독 역시 영화 〈하녀〉가 〈기생충〉에 많은 영향을 주었다 밝힌 바 있으며 여러 인터뷰에서 가장 존경하는 감독으로 주저없이 김기영 감독을 거론하기도 한다.

김기영 감독과 동시대에 작업을 했던 감독으로는 앞서 거론했던 유현목, 신상옥, 이만희, 김수용 감독 등의 명감독들이 있지만, 김기영 감독의 스타일은 그들 중 누구와도 비교를 거부하리만큼 독창적인 스타일로 1970년대 한국영화계에 있어 중요한 한 페이지를 장식했다.

Thanks to

『코리안 인베이전: 1인치 장벽을 넘어서』에 큰 도움을 준 분들에게
깊은 감사의 마음을 전하고 싶습니다.

곽경택 감독님	김민향 작가님
김성숙 감독님	김성우 대표님
김우형 촬영감독님	김정아 대표님
김춘호 작가님	김태균 감독님
김태업 부사장님	김태용 감독님
김현우 대표님	류성희 미술감독님
박광일 편집기사님	박원영 작가님
박찬욱 감독님	방은진 감독님
배두나 배우님	봉준호 감독님
신경만 조명감독님	유은정 PD님
이명세 감독님	이승무 감독님
이주익 대표님	이준엽 감독님
이지연 PD님	전양준 위원장님
정주현 팀장님	최윤희 부사장님
황기석 촬영감독님	

Rita Romagnino
Subway Cinema

그리고 늘 곁에서 응원해 주는 가족